HUMAN ACTION
人的行为

〔奥〕路德维希·冯·米塞斯◎著

谢宗林◎译

（第4册）

海南出版社
·海口·

目 录
(第4册)
CONTENTS

第五篇　受到干扰的市场经济

第二十七章　政府和市场　/891
第一节　第三种体制的构想　/891
第二节　干预　/893
第三节　政府职能的界定　/896
第四节　"正直"作为个人行为的最终标准　/900
第五节　自由放任的意义　/907
第六节　政府对消费的直接干预　/910

第二十八章　借由征税进行干预　/914
第一节　中立征税　/914
第二节　完全征税　/916
第三节　征税的财政目的和非财政目的　/918
第四节　征税干预的三种类别　/919

第二十九章 限制生产 /921
第一节 限制生产的本质 /921
第二节 限制生产的目的 /923
第三节 作为一项特权的限制 /928
第四节 作为一个经济体制的生产限制 /938

第三十章 干预价格结构 /941
第一节 政府和市场自律 /941
第二节 市场对政府干预的反应 /947
第三节 最低工资率 /956

第三十一章 通货与信用操纵 /969
第一节 政府和通货 /969
第二节 法偿货币立法的干预作用 /973
第三节 现代通货操纵方法的演变 /976
第四节 通货贬值的目的 /980
第五节 信用扩张 /986
第六节 外汇管制和双边汇兑协议 /995

第三十二章 没收和重新分配 /1002
第一节 没收的哲学 /1002
第二节 土地改革 /1003
第三节 没收式征税 /1004

第三十三章　工团主义和社团国家主义　/1013

第一节　工团主义的念头　/1013

第二节　工团主义的一些谬论　/1015

第三节　一些流行政策中的工团主义元素　/1017

第四节　基尔特社会主义和社团国家主义　/1018

第三十四章　战争经济学　/1024

第一节　全面战争　/1024

第二节　战争和市场经济　/1029

第三节　战争和经济自给自足　/1033

第四节　战争无用　/1037

第三十五章　福利原则与市场原则之争　/1040

第一节　反对市场经济的理由　/1040

第二节　贫穷　/1043

第三节　不平等　/1049

第四节　不安全　/1063

第五节　社会正义　/1065

第三十六章　干预主义的危机　/1067

第一节　干预主义的收获　/1067

第二节　备用财源的枯竭　/1068

第三节　干预主义的终结　/1071

第六篇　经济学的社会地位

第三十七章　经济学的其他性质　/1077
第一节　经济学的奇特性　/1077
第二节　经济学和舆论　/1078
第三节　老一辈自由主义者的错觉　/1080

第三十八章　经济学在学术界的地位　/1083
第一节　经济学研究　/1083
第二节　作为一门职业的经济学　/1086
第三节　作为一门职业的商业预测　/1088
第四节　经济学和大学　/1090
第五节　通识教育和经济学　/1094
第六节　经济学和公民　/1096
第七节　经济学和自由　/1098

第三十九章　经济学和人生的一些基本问题　/1100
第一节　科学和人生　/1100
第二节　经济学和价值判断　/1103
第三节　经济知识和人的行为　/1106

第五篇　受到干扰的市场经济

第二十七章 政府和市场

第一节 第三种体制的构想

我们可以清楚地区分生产资料私有制（市场经济或资本主义）和生产资料公有制（计划经济或全面计划经济）。给予人类社会的这两种经济组织体制一个精确、清晰的说明和定义是一件很容易的事。这两种体制绝不能彼此混淆，也不能加以混合或结合。它们是互相排斥、彼此不兼容的，不存在从其中一种逐步转变成另一种的过渡阶段。就同一生产要素而言，它不是由私人控制，就是由公有部门控制，绝不会有第三种可能性。在某个社会合作框架下，如果只有部分生产资料属于公有，而其余的却由私人控制，这并不表示该社会合作体制是一个计划经济和私有制的混合体制。只要社会化部门与非社会化部门没有完全分离，也没有导致严格的自给自足的生活，这个制度就仍然是一个市场社会（否则，就会出现两个既独立又共存的制度：一个是资本主义，另一个是计划经济）。在私人企业为主的市场制度里运作的公共企业，以及与非计划经济国家交换财货与服务的计划经济国家，都融入了市场经济体系，一样受制于市场法则，也一样有机会采用经济计算。[1]

如果有人尝试在这两种制度之外，或两者中间建立第三种基于分工的人类合作制度，那他只能从市场经济这一边动脑筋，而绝不可能从计划经济那一边思考。计划经济的观念是僵化的一元论和集权主义，它把选择和行动的权力全部赋予"唯一"的意志，不容许任何折中和让步。计划经济体制也丝毫不允许调整或改变，但是，市场经济就不一样了。在这一构建里，市场和政府强制力并存的"二元性"意味着多样化的观念。人们会问：政府严守"远离市场"的原则是绝对必要或合宜的吗？干预和矫正市场的运作，不该是政府的任务吗？只能在资本主义和计划经济之间二选一吗？难道没有其他可能实现的社会组织体制吗？

于是，人们费劲地构想出形形色色的第三种方案或体制，据说它们既不是计划经济，也不是资本主义。这些构想的创造者宣称，这些体制是非计划经济的，因为它们旨在保护生产资料私有制；也不是资本主义的，因为它们消除了市场经济的一些"缺陷"。处理问题的科学方法，要求所有价值判断都保持"中立"。因此，即使没有把资本主义的任何特性指责为有缺陷的、有害的、不公正的，干预主义那些情绪化的建议也仍然是

---

[1] 参见第十五章第一节。

无用的。经济学的任务是分析和追求真理，它无须根据预设的主张或成见去赞扬什么或谴责什么。对于干预主义，经济学只提出了一个问题（已给出答案）：干预主义的运作效果如何？

第二节 干 预

有两种实现计划经济的模式。

第一种模式（可以称之为列宁模式或俄国模式）是纯官僚模式。所有工厂、商铺和农场都正式收归国有（verstaatlicht），成为由公务员操作的政府部门。每一个生产单位与上级中央机关的关系，就像一个地方邮局相对于邮政总局那样。

第二种模式（可以称之为兴登堡模式或德国模式）在名义上似乎保留了生产资料私有制，也保留了市场、价格、工资和利率的外观，然而这里不再有企业家，而只有工作间或商号的管理者（纳粹的法律术语称之为 Betriebsführer）。这些管理者形同傀儡一般受托管理企业。他们买进和卖出东西，聘用和解雇工人，支付酬劳给工人，签订借贷契约，支付利息和分期偿还本金。但是在所有这些管理活动中，他们都必须无条件地遵守政府最高生产管理机关发出的命令。这个机关（在纳粹德国被称为 Reichswirtschaftsministerium）命令那些管理者生产什么、如何生产、按什么价格向谁购买以及按什么价格卖给谁。该机关给每个工人指派工作和规定工资，它规定资本家必须把资金按什么条件委托给谁。市场交换只不过是个幌子，所有工资、价格和利率都由政府决定，它们只是表面上的工资、价格和利率，事实上这些只是政府命令中的数量名词，这些命令决定了每个公民的工作、收入、消费和生活水平。政府指挥所有生产活动，车间或商号管理者听命于政府，而不是消费者的需求和市场的价格结构。这是披着印满资本主义术语外衣的计划经济。资本主义市场经济的一些标签被保留下来，但它们所代表的意义完全不同于它们在市场经济里所指向的东西。

我们必须在这里指出一个事实，以免人们混淆了计划经济和干预主义。干预主义体制，或者说，受到干扰的市场经济体制，其和德国式社会主义不同的地方就在于干预主义仍然是一种市场经济。政府干预市场经济的运行，但不想完全废除市场，而只希望生产和消费的发展路径不同于未受干扰的市场所规定的路径。政府希望通过对市场运作加以规定、命令和禁令来达到自己的目的，并随时准备动用警察和相关暴力机构协助强制执行。但是，这些规定、命令和禁令都只是一些"分散的"干预行动。政府的用意并不是把所有干预整合为一套用来决定所有价格、工资和利率的制度，即它不是要将生产和消费完全置于政府的掌控之下。

受到干扰的市场经济或干预主义体制想要同时保持政府和市场这两种明显不同的权力二元性，即一方面，维护政府的活动领域，而另一方面，个人享有市场体制下的经济自由。干预主义的特征就在于，政府的职权并不限于保护生产资料私有制，使私有财产权免于暴力侵害。政府通过命令和禁令干预工商业的运作。

干预是由掌管强制与胁迫机构的行政主管当局直接或间接地发出命令，来迫使企业家和资本家以某种不同于市场所决定的方式使用生产要素。这样的命令可能是一道要求做什么的命令，也可能是一道要求不做什么的命令。这道命令无须由公认的权威当局直接发出，有时候其他机构通过擅自揽权也会发出这样的命令或禁令，并且用它自己的暴力强制手段执行这些命令或禁令。如果公认的政府当局容忍这样的做法，甚至启用政府所统治的警察机关支持这样的做法，那么这命令就等同于政府发出的。如果政府反对其他机构的这种暴行，也很想以政府武装力量压制这种暴行，但没有成功，那么后果就会是无政府状态。

有一点很重要，我们必须记住，即政府干预永远代表的是暴行或以暴行相威胁。政府统治的最终手段是使用武装人员——警察、宪兵、士兵、狱卒和刽子手。政府的基本特征是靠打、杀和关押来执行它的命令。那些要求更多政府干预的人，最终无疑是在要求更多的强制和更少的自由。

这里提醒大家注意这个事实，并没有任何指责政府行为的意思。如果对于一些嚣张跋扈的个人或团伙的反社会行为不采取暴力阻止和压制手段，和平的社会合作是不可能维持的，这是一个严酷的事实。时常有人说，尽管政府不可或缺，但它是一个祸害。对于这种老生常谈，我们必须提出异议。为了达成某个想要达成的目的而必须做的那些事情，本质上是一个手段，也就是为了成功实现该目的所需支付的成本。把政府称为一个有道德褒贬含义的祸害是武断的价值判断。然而，面对现代那种将政府和国家神化的趋势，我们最好提醒自己注意一下：古罗马人以一束棍棒包裹住一把斧头象征国家，比我们当代人认为国家具有所有上帝的属性更加实事求是。

第三节　政府职能的界定

许多以冠冕堂皇的法哲学和政治科学为名而行走于学术界的学派，沉溺于无用而空洞的沉思默想，企图凭空界定政府的职能。对于什么是永恒的绝对价值以及永远的正义，他们做了一些任意假设，然后想当然地以为他们是人间世事的最高裁判者。他们把直觉的、武断的价值判断误解为上帝的声音或万事万物的本质。

然而，事实上，没有"自然法"这种东西，没有什么永恒的标准可以区分正义与非正义。大自然没有对错的观念。"汝不可杀人"无疑不属于自然法。自然界的特征是某种动物肆意杀害其他动物，有许多物种如果不杀害别的物种就不可能维持生命。对错的观念是人类的一个手段，一个功利主义的戒律，旨在使社会的分工合作成为可能。所有道德规则和人类的法律，都是实现某些明确目的的手段。除了检视它们是否有助于达成人类的选择和目标，没有其他方法去评估它们的好坏。

有些人根据自然法的观念，推断生产资料私有制合乎正义。还有一些人则借助自然法，声援生产资料私有制的废除论。由于自然法的观念是武断的，因此这种讨论不可能有什么好结果。

国家和政府不是目的，而是手段。只有对施虐狂而言，加害他人才是一个快乐的直接来源。公认的权威当局之所以采取强制与胁迫手段，是为了保障某个明确的社会组织体系顺畅运作。强制与胁迫的程度，以及警察机关该执行的法律内容，取决于人们采纳了什么样的社会秩序。由于国家和政府旨在使这个社会维持一定的秩序，政府职能的界定便必须适应社会秩序的需要。评估法律和执法方法的唯一标准就是看它们是否能有效地保障人们希望维护的社会秩序。

正义的观念若要有意义，就必须有某套明确的规范体系作为参照，并且要人们公认该套体系本身没有争议且禁得起任何质疑。许多人曾固执地认为，主张对错的标准从最古老的年代开始便已永远确立了。立法者和法庭的任务不是制定法律，而是依据永恒不变的正义观念去发现什么是对的。这个学说导致顽固的保守主义以及旧习惯与旧制度的僵化，以致遭到自然权利或天赋人权学说的挑战。自然权利说或自然法自认为是"位阶较高的"法律，不赞成国家现行的法律。根据自然法的武断标准，有一些有效的成文法和惯例可以被称为公正的，还有一些则有可能是不公正的。好的立法者的任务是要使现行成文法符合自然法。

这两个学说所涉及的一些根本错误早已被揭露出来。很明显，对于没受到它们蛊惑的人们来说，在拟议新法律的辩论过程中，诉诸正义是一个循环论证的例子。在拟议新法（de lege ferenda）的过程中，没有"正义"这种东西。就逻辑而言，正义的观念只能在现行法（de lege lata）的架构里讲。只有在根据国家现行的有效法律观点对具体的行为表示赞同或反对时，正义的观念才有意义。在考虑改变国家的法律制度时，在修改或废除现行法律以及制定新法律时，问题的症结不是正义或不正义，而是社会运作的便利性和社会福祉。没有绝对的、完全不考虑任何明确社会组织制度的正义观念这种东西。决定是否赞同某个社会组织的制度时，考虑的不是正义或不正义，反而是社会组织制度决定什么该视为对以及什么该视为错。在社会关系架构之外，没有对或错这种东西。对幻想遗世独立、过自给自足生活的某个人来说，正义和不正义是空洞的观念。这样的一个人只会区分对他自己而言什么比较方便、合适以及什么比较不方便、不合适。正义的观念涉及的永远都是社会合作。

任意虚构某个绝对正义观念，然后根据该正义观念拥护或拒绝干预主义，是没有意义的。从任何默认的永恒价值标准，思考政府正当的任务该怎样界定是没用的。同样不被允许的是企图从"政府""国家""法律"和"正义"这些概念推断政府该有哪些正当的任务。（欧洲）中古世纪的烦琐哲学或经院哲学、费希特、谢林、黑格尔以及德国概念法学（Begriffsjurisprudenz）等思想的荒谬之处就在于此。所有概念都是推理工具，绝不可以把它们当作规定行为模式的指导原则。

有些哲学家强调，就逻辑而言，国家和主权的观念表明了国家绝对是至高无上的，从而排除了国家职权应该有所限制的观念。这只是一种多余的头脑游戏，没有人会质疑国家有权力在统治领域内建立极权主义政府。真正的问题是，就社会合作的保持和运作而言，这样的政府是否方便、有利。对于这个问题，再多深奥的概念和解释都没有任何用处。它必须由人类行为学决定，而不是由似是而非的关于国家与权力的玄学决定。

对于政府为什么不该管制物价，或者政府为什么不该像惩罚杀人犯和小偷那样惩罚公然反抗价格上限命令的人，法哲学和政治科学找不到任何答案。在它们看来，私有财产制只不过是万能而仁慈的最高统治者授予某些卑鄙民众的一项可以随时撤销的恩惠。把授予恩惠的法律全部或部分废除，绝不可能有错。没有任何理由可以用来反对没收或征用私人财产。立法者可以随意用任何社会体制取代生产资料私有制，就像立法者可以随时用另一首歌取代过去采用的国歌一样。"此即朕意"（car tel notre bon plaisir），这个格式用语是至高无上的立法者唯一的行事箴言。

针对所有这些法律形式主义和教条主义，这里有必要再次强调：法律以及社会强制与胁迫机构存在的唯一意义，是保障社会合作的顺畅运行。很明显，政府有权力规定价格的上限，有权力关押或处决以较高价格销售或购买商品的人。但问题是，把这样的政策作为手段，能不能达成政府想要达成的那些目的。这是一个纯粹行为学与经济学的问题，对于这个问题的解答，法哲学和政治学，都不可能有任何贡献。

干预主义的问题，不是关于国家与政府"自然的""正当的"和"恰当的"任务如何正确界定的问题。真正的问题是，干预主义制度如何运作？能否达到人们想靠它达到的那些目的？

人们在处理干预主义问题时所显露的那种思想混乱和缺乏判断力，着实令人吃惊。例如，有人说，很明显，交通规则是有必要的，谁都不会反对政府干预汽车司机的行为。所以，那些主张自由放任的人是自相矛盾的，他们一方面反对政府干预市场价格，另一方面却支持政府管理交通。

这个论证的谬误很明显。道路的交通管理是经营道路的机构必须承担的一个责任。如果这个机构是政府或市政当局，那么它就一定要完成这个任务。制定火车时刻表是铁路管理者的任务，而决定餐厅是否该播放音乐则是旅馆管理者的任务。如果政府经营一条铁路或一间餐厅，那么规定这些事情便是政府的任务。邮政总局长决定邮票的式样和颜色不能作为政府干预市场运作的一个例子。就国家歌剧院的营运而言，政府决定该制作哪些歌剧以及不该制作哪些是事实，但如果根据这个事实便进而推断，为某个非政府经营的歌剧院决定这些事情也是政府的任务，那就不合逻辑了。

第四节 "正直"作为个人行为的最终标准

有一个相当普遍的观点认为，即使没有政府干预工商业，人们也能使市场经济的运行变换方向，使市场不再沿着由利润动机所控制的路线发展。一些主张通过遵从基督教原则或"真正的"道德实现某种社会改革的人士认为，良心应该会引导善良的人们处理市场交易。如果所有人不仅关心自己的私利，也关心自己在宗教和道德方面的义务，那么要拨乱反正，便无须政府的强制与胁迫。他们认为，人们需要的不是改革政府和国家的法律，而是可以净化人心的道德，使他们回归上帝的戒条和道德的戒律，从而可以远离自私与贪婪的恶行。如果真是这样，那么调和生产资料私有制使其符合正义、正直与公平的要求便很容易。资本主义的恶果将被清除，而个人的自由与主动性也不会受到损害。人们将废黜资本主义这只恶灵，也无须建立国家那一只恶灵。

这些观点所根据的一些任意的价值判断在这里无须讨论。这些批评者为什么会指责资本主义是一个不相干的问题。他们所犯的错误以及谬论本身是无关紧要的。重点是他们企图在双重基础上，即在私有财产制和限制利用私有财产的道德原则上建立某个社会制度。据说，他们所推荐的制度，既不是计划经济，也不是资本主义或干预主义。这种制度不是计划经济，因为它将保有生产资料私有制；它也不是资本主义，因为行为背后的动机将是良心，而不是追求利润；它更不是干预主义，因为不需要政府干预市场。

在市场经济里，个体在私有财产权和市场范围内自由行动，他的选择是最后的裁定，他的行动，是他的"市场伙伴们"采取行动时必须考虑的依据。所有人都自主行动，他们之间的协调由市场的运作达成。社会不会告诉任何人该做什么或不该做什么，因而用不着以特别命令或禁令来执行合作。不合作的行为将受到相应的惩罚，适应社会生产过程的要求和个人追求自己的利益并没有冲突，因此，不需要什么权威机构解决这种冲突。这个社会体系能自动地完成各种任务，而无须任何权威机构干预，无须权威机构发布特别命令和禁令，无须惩罚那些不服从的人。

在私有财产权和市场范围之外是强制与胁迫的范围。在该范围内有一些屏障，这些屏障是有组织的社会为了保护私有财产，并避免市场受到暴力、恶意与欺诈伤害而设置的。这是有别于自由领域的限制领域。那里有一些规则，可以区分什么是合法的、什么是非法的、什么是允许的以及什么是禁止的。而且那里有一部由武器、监狱和绞刑架组成的机器，以及一些操作这部机器的人——准备镇压那些胆敢违抗的人。

我们所关心的那些社会改革者建议：除了以保护和保全私有财产为宗旨的法律规范，还应该进一步规定人们必须遵守的道德规则。这些社会改革者希望在生产和消费方面做一些事情，这些事情不同于人们除了不得侵害他人人身安全和私有财产权而没有任何其他义务约束时将会促成的那些事情。他们希望禁止出现市场经济引导个人行为的那些动机（他们把这些动机称为自私自利的、贪婪的、牟利的），希望用其他动机取代它们（他们把这些动机称为良心、正直、利他主义、敬畏上帝、慈善的）。他们深信，这样的道德改革本身便足以确保经济体系具有某种他们所期盼的运作模式，而无须采取任何干预主义和社会主义所要求的那些特别的统治措施。在他们看来，这种模式要比没有受到干扰的资本主义运作模式更令人满意。

这些社会改革者未能意识到，被他们斥责为邪恶的那些行为动机在市场经济运作中所起的作用。市场经济之所以能够运作，而无须政府指令精确地告诉每个人该做什么和怎么做的唯一理由是：市场经济并未要求任何人脱离对自己最为有利的那些行为路线。使个人行为融入整个社会生产体系，是个人自己的目标追求。每个行为人在纵容自己的"贪婪"之际，对社会生产活动的最佳安排都贡献了他自己的一份力量。于是，在私有财产权以及保护私有财产权免于暴力或欺诈行为侵害的法律范围内，个人利益和社会利益之间没有任何对立冲突。

私有财产权被改革者贬抑为自私自利的，但如果失去它的主导作用，那么市场经济必将一团混乱。规劝大众倾听良心的声音，规劝他们以公共利益取代私利，是创造不出一个可以有效运作和令人满意的社会秩序的。告诉一个人不要"贱买贵卖"是不够的，告诉他不要"趋利避害"也是不够的。社会必须确立明确的规则，以使人们的行为在每一个具体场合都能有所依循。

社会改革者说，企业家是冷血、自私自利的，他们会利用自己的优势，将价格压低至某一低效率竞争者的出价之下，从而迫使该竞争者倒闭。但是，"利他主义的"企业家该怎么做呢？他在任何情况下都不该按低于任何竞争者的价格销售自己的产品吗？或者在某些情况下可以允许他低价竞争吗？

这个改革者又说，企业家是冷血、自私自利的，会利用市场结构所给予的机会，索取超高的价格，以致穷人都买不起他的商品。但是，"善良的"企业家该怎么做呢？他应该免费送出他的商品吗？只要他给出了价格，不管多么低，总是会有一些人买不起或只能买一小部分。这时，该企业家是否可以自由地将那些更渴望拥有该商品的购买者排除在其商品销售之外?

讨论到这里,关于价格偏离未受干扰的市场价格水平时会导致哪些后果,我们暂时不考虑。譬如,某个卖者的售价如果比低效率竞争者的定价还要高,那么他的供给至少会有一部分卖不出去。如果这个卖者以比未受干扰的市场价格水平更低的价格来供给商品,那么他的供给将不足以满足在此价格水平下所有购买者的需求数量。定价偏离自由市场价格还会产生另一些后果,我们稍后一并来分析这些问题。[1] 但是,我们在这里无论如何必须认清:改革者不能只告诉企业家不让他们接受市场状态的引导,而是必须告诉企业家应该索取和支付多高的价格。如果不再通过追逐利润的动机引导企业家行为来决定生产什么和生产多少,如果企业家不再受制于利润动机的驱策而竭尽所能地去服务消费者,那就必须给企业家下达明确的指示。这不可避免地就要用详细的命令和禁令去引导企业家的行为,而这些指令正是政府干预企业的标志。任何企图通过良心的声音、慈善和同胞之爱来作为主导行为的动机,以排除政府干预的改革计划终归是无效的。

基督教社会改革计划的提倡者宣称:过去,人们的贪婪与牟利动机为良心所驯服,他们能够顺从道德律的约束。这种驯化的贪婪与牟利动机,曾经运作得相当好。而我们今天的所有罪恶都是背叛基督教的规诫所造成的。如果人们未曾抛弃戒条,未曾贪求不当得利,人类仍将享有中古世纪那样美满的幸福。在当时,至少社会精英是履行福音书所说的那些做人的原则的。

---

[1] 参见第三十章第一和第二节。

目前我们需要的正是恢复从前的美好生活，然后小心提防，确保不会有新的离经叛道的行为再度诱使人们丧失那些做人的原则及其所带来的善果。

这些被改革者根据社会与经济情况，将13世纪的欧洲誉为人类最伟大的历史时期，对此我们不展开详细分析。我们在这里只关心他们所谓的公平价格与工资率的观念。这些观念是基督教发展初期，长老教诲中的基本观念，而现在的改革者却希望把它提升为经济行为的最终标准。

很明显，对于一些理论家来说，过去和现在一样，所谓公平的价格与工资率的观念总是用来指称某个特定的社会秩序的。而且，在这些理论家眼中，该秩序是最佳秩序。他们建议人们采纳他们所推荐的理想社会秩序，并且永远保留该秩序，任何改变都不能被容忍。最佳的社会状态若有任何改变，就表示社会状态在变坏。这些哲学家所抱持的世界观并未考虑人们为改善物质生活幸福所做出的不懈努力。对这些哲学家来说，历史变化和人们物质生活水平的普遍上升都是陌生的观念。他们所谓的"公平"，是那种可以确保他们的乌托邦永垂不朽的行为模式，至于其他行为，都是不公平的。

然而，对于非哲学家的普通人来说，公平的价格与工资率却是一个非常不同的概念。当某个非哲学家说某个价格公平时，他的意思是：保持该价格会增进或至少不会损害他自己的收入和社会地位。任何会损害他自己的财富和地位的价格，他都称为不公平的。如果他所销售的那些财货的价格上涨，而他所购入的那些财货价格下跌，那是"公平的"。对农夫来说，小麦的价格不管多高，显然都是公平的。对赚取工资者来说，工资率不管多高，显然都是不公平的。但是，小麦价格一旦下跌，农夫马上会指控说，这不仅违背神圣法，也抵触世间法。而如果工人的工资下降，他们也会造反。然而，市场社会除了通过市场运作调整生产以适应各种经济变化，没有其他方法。市场通过价格变化，迫使人们缩减生产消费者没有迫切需要的商品，而扩大生产消费者有迫切需求的商品。所有稳定价格的企图的荒谬性就在于，价格稳定会阻止任何进一步的改善，导致经济停滞。商品价格和工资率的浮动性是调整、改善和进步的媒介。那些谴责价格与工资率变化造成不公平的人，以及那些要求保持他们所谓公平价格的人，实际上会导致经济退步，并放弃了使情况变得更令人满意的努力。

市场所决定的农产品价格有这样一个长期趋势：使大部分人放弃农业，投向加工制造业。这样的趋势并不是不公平的。如果没有这个趋势，90%或更多的人仍将从事农业，各种加工制造业的发展将受到阻碍。所有阶层的民众，包括农夫的处境将比现在更恶劣。如果托马斯·阿奎纳（Thomas Aquinas）的公平价格教条确实得到实施，则13世纪的经济情况将延续至今。人口会比现在少很多，生活水平也会低很多。

不管上面这两种公平价格学说是哲学的，还是世俗的，都在一致谴责未受干扰的市场所决定的价格和工资率。但是，这两种同样采取消极否定论的公平价格学说，对于"公平的价格和工资率究竟该有多高或多低"这一问题，却给不出任何答案。如果决定把良心正直提升为经济行为的最终标准，那就必须明确命令每个行为人在每个具体场合该做什么、该索取什么价格，以及该支付什么价格，并且必须依靠某个强制与胁迫机构，迫使所有人服从这些命令。也就是说，必须确立某个最高权威机构，发布各种准则来管制行为的每个方面，必要时还得改变这些准则，并富有权威地解释和执行这些准则。因此，以社会正义和良心正直取代自私牟利的改革计划若要实现，需要的正是人类道德净化论者想要排除的政府干预。如果没有威权严密的组织的控制，要偏离没受到干扰的市场经济状态是不可想象的。至于那个被赋予这种控制权力的权威机构是否被称为世俗的政府或替神办事的祭司团，那是无关紧要的。

这些改革家在规劝人们要从心底厌恶自私自利时，主要是针对资本家和企业家说的。他们有时候当然也小心翼翼地对工薪阶层这么说。然而，市场经济是一个消费者至上的体系。布道者呼吁改革的对象应该是消费者，而不是生产者。布道者其实应该说服消费者放弃选择物美价廉的商品，而去选择质劣又昂贵的商品，以免伤害低效率的生产者；其实他们最应该说服消费者少买一些，好让更贫穷的人有机会多买一些。如果想让消费者这样做，那就必须明白地告诉消费者该买什么、买多少、向谁买以及按什么价格买，并且必须准备好在必要时以强制和胁迫的手段执行这些命令，但是，这么一来就等于采取了道德改革计划想要排除的那一套威权控制制度。

每个人在社会合作的框架内可以享有的自由，都是以私利和公益和谐为前提的。在个人追求自己福利的同时增进或至少并未伤害他人福利这样的范围内，每个人自行其是，既不会损害社会安全，也不会损害他人利益。于是便出现了一个具有自由和个人能动性的领域，一个允许人们自主选择和自主行动的领域。这个经济自由的领域，被计划经济者和干预主义者轻蔑地称为"经济自由"的自由领域，是所有和社会分工合作兼容的其他自由的基石。因此，市场经济或资本主义的演进在政治方面的必然结果就是代议政府。

一些人声称，在众人的贪婪之间或在人们的贪婪与社会公益之间都存在冲突，因此他们势必要主张压制个人的自由选择和剥夺个人的自主行动权。他们必然主张要用某个中央生产管理机构至高无上的权力取代人们自由选择的权利。在他们想象的良好社会架构里，没有可以发挥私人能动性的空间。权威当局发布命令，任何人都要被迫服从。

第五节　自由放任的意义

在18世纪的法国，"laissez faire，laissez passer"（自由放任）这句话是某些自由主义捍卫者惯用的一个口号，用来表示他们的简化纲领。他们的目的是建立一个没有外力干扰的市场社会。为了达到这个目的，他们主张让勤勉和有效率的人淘汰懒惰和低效率的竞争者，主张废除所有限制商品和人员流动的法律。这句著名格言想要表达的就是：让人们自由工作，让人们自由交易。

在我们这个热烈渴望政府万能的时代，"自由放任"这句口号已经声名狼藉。舆论现在认为，自由放任同时显示了道德的败坏和彻底的无知。

在干预主义者看来，人们要么选择依靠"自发的力量"，要么选择依靠"有意识的计划"，没有其他选项。[1] 他的意思很明

---

[1] 参见A.H.汉森（A.H.Hansen）的《明天的社会规划》"Social Planning for Tomorrow"，载于《战后的美国》（*The United States after the War*），（康奈尔大学讲座，伊萨卡，1945年），第32—33页。

显，依靠自发过程是愚蠢至极的选择。没有哪个理智的人会当真建议"无为"，即让所有事情在没有任何有意识的干预下发展。计划是有意识的行动的表现，仅凭这一点它便无可比拟地优于没有任何计划的自发过程。在干预主义者看来，自由放任意味着放任邪恶持续发生，放弃用合理的行为改善人类的命运。

这是一个完全错误的说法！这个主张的论点完全源自对某隐喻的不当解释。除了"自发的"一词所表明的一些意思，它没有任何根据。人们在形容市场过程时，通常以某个隐喻的意思使用"自发的"一词。[1]依据《简明牛津词典》[2]的解释，"自动的"意思是"无意识的，无智能的，全然机械性的"。而根据《韦氏大学词典》[3]，"自发的"意思是"不受意志支配的……其行动缺乏积极的思想、有意识的目的和方向"。在计划观念的捍卫者看来，打出权威字典这张王牌是多么大的胜利呀！

其实，问题不是要么选择死板的机械主义或僵固的自发主义，要么选择有意识的计划，也不是要不要计划，真正的问题是：谁来计划？究竟该让每个社会成员为他自己计划，还是仅由仁慈的政府为所有社会成员计划？简而言之，问题不是自发机制相对于有意识的行为，问题是每个人都能自发行动与政府排他性行动的对立，也就是自由与政府万能的对立。

自由放任的意思不是任凭没有灵魂的机械力量发挥作用。自由放任的意思是，让每个人能够以自己希望的方式参与社会

---

[1] 参见第十五章第十二节。
[2] *Concise Oxford Dictionary*（牛津，1934年，第3版），第74页。
[3] *Webster's Collegiate Dictionary*（斯普林菲尔德，1946年，第5版），第73页。

的分工合作秩序，由消费者决定企业家该生产什么。计划的意思则是由政府单独选择，由政府以强制和胁迫手段执行政府的决定。

持计划观念的人说，在自由放任的前提下所生产出来的那些商品，不是人们真正需要的商品，而是预期能卖个好价钱并能牟取最高利润的商品，计划的目的就是要把生产导向满足人们真正的需要。但是，"真正的需要"是什么？它该由谁决定呢？

于是，如果是由英国工党前主席拉斯基（Harold Laski）教授来决定，那么其计划的投资方向将是"投资者的储蓄将用于盖房屋，而不是用于盖电影院"[1]。他显然认为房屋比看电影更重要，至于是否有人同意这位教授的看法是无关紧要的。然而，当消费者花一部分钱买票看电影时，事实上便已经做了另一种选择。如果英国的广大群众——以选票使工党获得压倒性胜利而掌权执政的人，停止光顾电影院，以便购买舒服的独栋别墅和公寓，追求利润的企业将不得不投入更多资金建造别墅和公寓，同时减少投资制作昂贵的电影。但是，拉斯基先生很想甩开消费者的愿望，很想以他自己的意志取代消费者的意志。他希望废除市场中的民主程序，希望建立"生产沙皇"似的绝对专制。他相信，从某个"更高的"观点来说，他自己是正确的。他可能相信，作为一个超人，他自己有责任强迫低级的广大群众接受他个人的价值排序和判断，他也可能足够坦率，把他的这些想法公之于众，向所有人说清楚、讲明白。

---

[1] 参见拉斯基的广播（Laski's broadcast），《同意的革命》（"Revolution by Consent"），转载于《会谈》（Talks），X，第10期（1945年10月），第7页。

所有热情赞美政府行为的颂词，都只不过是某个干预主义者自我神化的一个拙劣掩饰。伟大的神圣国度之所以是一个伟大的神，只是因为该国专门做这个干预主义者希望的那些事情。只有这个干预主义者完全赞同的计划才是真正的计划，其他计划都是冒牌货。任何一本宣扬政府计划有众多好处的书在讲到计划时，作者心里想到的当然只有他自己的计划。他没有考虑到，政府实际执行的计划很可能不同于他的计划。众多不同的计划者，只有在拒绝自由放任，即只有在拒绝让人们自由选择和自由行动这一点上意见一致。对于政府应该采纳哪个计划（唯一的计划），他们的意见完全不同。当有人揭发干预主义政策的一些明显的和不可否认的缺陷时，干预主义的捍卫者每次的反应方式都一样。他们会说：这些过失是坏的干预主义的结果，而我们主张的是好的干预主义，不是坏的干预主义。当然，"好的干预主义"是这位教授自封的名号。

自由放任的意思是：让每个普通人选择和行动，不要强迫人们服从某个独裁者。

第六节　政府对消费的直接干预

在探讨干预主义的经济问题时，我们先不处理那些旨在直接影响消费者选择消费财的政府行为。政府的每一个干预经济的行为，必定会间接影响消费。由于政府的干预会改变市场的外在条件，所以必定也会改变消费者的价值排序和行为。但是，如果政府的目的只是直接迫使消费者消费那些不是自主选择的财货，那就不会出现经济学必须特别研究的问题了。毋庸置疑的是，一个强大的、不讲情面的警察机构有能力执行这种命令。

在处理消费者的选择时，我们不问究竟是什么动机促使某人购买 a 而不购买 b，我们只探究消费者的具体行为是如何决定市场价格，从而影响生产的。这种影响与究竟是什么因素导致消费者购买 a 而不购买 b，并没有关系。对市场价格有影响的只是实际购买或不购买的行为。譬如，对于防毒面具的价格来说，人们之所以购买防毒面具，究竟是出于他们自己的意愿，还是政府强迫每个人都该有一件防毒面具，那是无关紧要的，唯一重要的是人们对防毒面具是否有需求。

由于有些政府希望维持自由的表象，所以它们会以干预企业生产的外衣掩饰它们对消费的直接干预。美国禁酒令的目的是防止该国居民饮用含酒精的饮料。但相关的法律却并未宣布饮酒行为本身违法，也并未惩罚饮酒行为，而只禁止制造、贩卖和运送蒸馏酒类，即禁止饮酒行为发生之前的商业交易。它所表明的理念是：人们沉溺于饮酒恶习，完全是因为受到肆无忌惮的商人的蛊惑。然而，很明显，禁酒令的目标侵犯了人们消费的自由，即不准他们按照自主选择的方式享受生活，而对企业施加的那些限制只不过是在服务这个最终目的。

政府直接干预消费所涉及的诸多问题，远远超出了交换学的范围，这些问题不是交换学必须处理的，它们涉及人生哲学和社会组织的一些根本议题。如果政府的权威真的源于上帝，如果政府真的受到上苍的托付来代替上帝监护无知和愚蠢的百姓，那么严密控制民众每一方面的行动便无疑是政府的任务。上帝派来的统治者比受监管的老百姓自己更清楚地知道什么对他们有益。统治者的责任是守护老百姓，使他们免于在自由行动时可能对自己造成的伤害。

自我标榜"注重实际"的人，未能意识到这里面所表明的一些原则的重大意义。他们声称自己不想从哲学和学术的观点讨论这些问题，辩称自己的态度完全是基于实际考虑。他们说，有些人确实通过消费麻醉药物来伤害自己，从而连累了无辜的家人，只有教条主义者才会这么刻板，乃至反对政府管制非法毒品交易。这种管制能发挥的正面效果是无可置疑的。

然而，事情没这么简单。鸦片和吗啡无疑是会让人上瘾的危险品，但是，一旦"保护个人免于因自己的愚蠢而受到伤害是政府的责任"这个原则获得认可，那么面对任何进一步侵犯自由的行为，没有人会真心提出反对理由。如果你们有很好的理由赞成政府禁酒和禁烟，试问为什么要把政府的仁慈照顾限制在仅仅守护个人的身体健康上呢？一个人对自己的思想和灵魂可能施加的伤害，不是比任何身体伤害的后果更严重吗？为什么不阻止他阅读不良书籍和观看不良戏剧呢？为什么不阻止他看不良绘画和听不良音乐呢？不管是对个人还是对整个社会来说，坏的意识形态所造成的不幸，无疑都远比麻醉药物更加有害。

这些忧虑并非只是一些与世隔绝的教条主义者自己想象出来、用来恐吓自己的幽灵。事实上，不管是古代的还是现代的家长式威权政府，没有哪个曾经在严密控制子民的思想、信仰和观念方面有所收敛。剥夺一个人的消费自由，便等于剥夺了他的一切自由。那些赞成政府直接干预消费的天真人士，当他们忽略甚至轻蔑地将其称为哲学问题时无异于自我蒙骗，他们的行为无异于支持各种审查制度、思想审讯、宗教迫害和对异己者的迫害。

在处理干预主义的经济问题时，我们不讨论政府直接干预公民消费所引起的这些政治后果。我们讨论的是那些旨在迫使企业家和资本家不再听从市场的指示去采取行动，而是以其他某个方式去使用生产要素的干预行为。在进行这方面的讨论时，我们不会从什么预设观点质疑干预是好还是坏，我们只会质疑：干预是否能达成主张干预和采取干预的那些人想要达成的目的。

第二十八章 借由征税进行干预

第一节 中立征税

执行强制与胁迫任务的社会机构，需要花费人力和物力来维持其运转。在自由政府的体制下，这些花费只占人们收入总额的一小部分，而随着政府的活动范围越来越大，其所需的经费就越来越多。

如果政府本身拥有或经营一些工厂、农场、林场和矿产，它或许会考虑用利息收入和利润来满足部分或全部的财政需要。但是，政府经营的工商企业通常没有效率，从而导致亏损，产生不了利润。结果，政府就必须征税，即强迫民众交出部分财富或收入来筹集财政收入。

中立的征税模式是可以想象的，这种征税模式不会使市场偏离未征税时的发展路径。然而，那些讨论征税问题以及各种政府政策的浩瀚文献，几乎从未想到过"中立的税"，反而比较热心于寻找"公平的税"。

中立税对居民生活状况的影响，仅限于维持政府机构运转所必须吸纳的那部分劳动和物质类财货。在假想的均匀轮转经济里，财政部不断征税，然后把筹集到的全部资金，不多不少地全部用于支付公职人员活动所需要的各种成本上。简而言之，每个公民的收入都有一部分花在公共支出上。如果我们假设，在这样一个平稳循环经济里，收入完全均等，即每个家庭的收入和家庭成员的人数成正比，则不管是某种人头税，还是某种等比例的所得税都将是中立税。在这种假设下，这两种税没有什么不同。每个公民会将一部分收入花在公共支出上，这不会出现任何征税的附带后果。

不过，变化的经济状况完全不同于这个假想的平稳循环以及实现平均收入的经济。不断变化以及财富收入不均等，是变化中的市场经济必定会有的基本特征。凡是真实存在的市场经济，都是不断变化的体系。在这样的体系内，任何税都不可能是中立的。就像中立货币那样，中立税这个观念本身是不可能实现的。但是，税和货币的必然非中立性的理由，毫无疑问是不同的。

就人头税而言，如果政府向每个公民——不管他的收入和财富多寡——一律征收同一金额的税收，那么落在资力微薄者身上的负担，会比落在资力雄厚者身上的负担沉重许多。大众消费品生产缩减的幅度，也会大于奢侈品生产缩减的幅度。此外，人头税削减储蓄和资本积累的幅度，小于对富人征收的重税。因此，它不会像对高收入者和富人歧视征税那样减缓资本财边际生产力（相对于劳动边际生产力）下降的趋势，因而也不会以相同幅度减缓工资率上升的趋势。

当今所有国家实际实行的财政政策，都只遵循一个指导理念，那就是税赋应该按照每个公民的"支付能力"来分摊。在最后讨论人们普遍接受的能力原则的过程中，有些人曾模糊地想到对有钱人征收比较重的税，会使该税变得比较中立。无论如何，任何涉及中立征税的考虑，毫无疑问很快就会被完全抛弃和遗忘。如今，税赋能力原则已经被高举为社会正义的公理，只能仰望，不容置疑。人们现在认为，征税的财政预算目标是次要的，因为征税的主要目标是按照正义的要求改革社会的各种情况。征税是政府干预工商业的一个方法：一种税越不中立，就越会把生产和消费转向远离未受干扰的市场原本引导的路径，也就越令政府满意。

第二节　完全征税

税赋能力原则所表明的那种社会正义观念要求所有公民的财富完全均等。因此，只要还存在收入和财富的不平等，那么那种认为拥有较多的收入和财富的人（不管绝对金额实际有多少）都拥有较大的税赋能力的观念便被认为是有道理的。税赋能力原则唯一的逻辑推演终点是把每个人手中超过最低金额的一切收入和财富一律没收，以达到收入和财富完全平等。[1]

---

[1] 参见哈雷·卢茨（Harley Lutz）的《自由经济的路标》(*Guideposts to a Free Economy*)（纽约，1945年），第67页。

完全征税和中立征税是两个对立的概念。完全征税是完全没收个人所有的收入和财产。然后，政府从填满的国库里给每个人分发一笔支付生活成本的津贴。或者，政府在征税时给每个人留下一份合理收入，同时补足实际收入少于该合理收入的部分。这两种做法的结果都是一样的。

从逻辑上来说，完全征税概念的后果将不堪设想。如果企业家和资本家在生产资料的利用中没有得到任何属于个人的好处，那么他们对于如何选择不同的生产资料的利用模式就会变得漠不关心。他们的社会功能将消失，他们将变成不负责任的公共财产管理者。他们一定不会调整生产以满足消费者的愿望。如果对所有收入完全征税，而只有资本金被留下来让资本家自由处理，那便给资本家提供了一个诱因，促使他们消费一部分财富，这会伤害到其他人的利益。因此，如果要实现计划经济，完全征税将是一个很不恰当的方法。如果完全征税不仅针对收入，也针对财富，那么它就不再是一种税，即不再是一个在市场经济里筹集政府收入的方法，它变成了一种过渡到计划经济的措施，一旦这个过程圆满完成，计划经济便取代了资本主义。

即便把完全征税当作实现计划经济的一个方法来看，它也是有争议的。有些计划经济者提出一些倾向于计划经济的税制改革计划。他们要么建议100%的遗产税和赠与税，要么建议通过完全征税没收土地租金或所有工资之外的收入，即所有非劳动所得。探讨这些计划的合理性是多余的，我们只需要知道，它们和市场经济是完全不兼容的。

第三节　征税的财政目的和非财政目的

征税的财政目的和非财政目的并不相同。

以各种酒税为例：如果把它们当作政府收入的来源，那么，产生的税收越多，便越是好的税。当然，由于酒税必然会提高酒类价格，导致酒类销售与消费减少，所以必须经过测试才能确定在什么税率下税收最高。但是，如果把酒税当作一个减少酒类消费的手段，那么税率越高越好。税率若提高到一定程度，酒税会使酒类的消费显著减少，同时也会使酒税收入减少。如果这种酒税达到了非财政目的——使人们完全戒酒，则酒税收入为零。这时，它不再为任何财政目的服务，它的效果纯粹是抑制消费。同样的论述不仅适用于所有种类的间接税，也适用于直接税。假如对公司和大企业歧视性地课以重税，如果税收高到某个程度，则会导致公司和大企业完全消失。资本税、继承税和遗产税以及所得税如果被推向极端，效果也会适得其反。

征税的财政目的与非财政目的之间不可调和的冲突是无解的。恰如大法官马歇尔所见，课税权是一种极具毁灭性的权力。这项权力可以用来摧毁市场经济，而许多政府和政党也坚决地想用它来达成这个目的。当政府吞没个体自主行为的全部领域时，它就变成了一个极权主义的政府。它的财政操作就不再依赖从公民身上征税，也不再有公共财源和私人财源的分别。

征税是市场经济的一个现象。市场经济的一个特征是政府不干预市场现象，而且政府的机构规模是很小的，维持其运行只需要汲取全体公民个人收入总额当中很小的一部分。于是，要提供政府所需的资金，各种税收就是一个适当的手段。说它们适当，是因为税率很低，不至于扰乱生产和消费。如果税率上升到适度水平以上，它们将不再是税，而是变成摧毁市场经济的手段。

各种税蜕变成各种毁灭性武器是当今公共财政的标志。重税是诅咒还是福利？用税收收入支付的那些项目是不是划算的、有益的？[1]我们这里不处理那些涉及任意价值判断的问题。我们要关注的是，税赋越重，税与市场经济就越不兼容。无须追问"迄今为止还没有哪个国家因为政府的庞大支出而毁灭"是不是真的。[2]不可否认，市场经济可能被庞大的公共支出毁灭，而许多人的想法本来就是：用这种方式毁灭它。

商人抱怨高税赋的压力，政治家对"吃老本"（eating the seedcorn）的危险感到惊慌。然而，征税问题的症结在于一个奇怪的问题，即税赋越高，市场经济连同税制本身的作用便越会被削弱。因此，这个事实变得很明显，即私有财产制的保持和没收性的税制措施终究是不相容的。每种单一税以及国家整体税制，在税率高到某个程度时，其效果将适得其反。

第四节　征税干预的三种类别

各种能用来控制经济，即能作为干预主义政策工具的征税

---

[1] 这是通常处理公共财政问题的观点。例如，参见《经济学概论》（*Outlines of Economics*）（纽约，1920年，第3版）一书中，伊利、亚当斯、洛伦茨和杨（Ely, Adams, Lorenz and Young）的文章，第702页。

[2] 同上。

方法，都可以划分为下列三种类别：

第一，某些税收旨在完全压制或限制某些特定商品的生产。它们因此也间接干预消费。至于达成这种目的的方式究竟是征收某些特别税，还是免除某些商品被征收某种税，以及这种税要么普遍对所有商品课征，要么在没有差别征税的情况下只对消费者更乐于选购的那些商品征税，则是无关紧要的。在关税场合，免税成为一个干预市场的工具：国内产品没有关税负担，关税只影响从国外进口的商品。许多国家采取差别征税的方式控制国内生产活动。例如，它们会对啤酒征收比葡萄酒更重的货物税，以此鼓励葡萄酒生产，并抑制啤酒的生产。葡萄酒是中小型葡萄园农夫的产品，而啤酒通常是大规模酿酒厂的产品。

第二，某些税没收一部分收入或财富。

第三，某些税没收全部的收入和财富。

我们无须处理第三类税，因为它纯粹是实现计划经济的一个手段，因此不属于干预主义讨论的范围。就其效果而言，第一类税和下一章所讨论的那些限制性措施没什么不同。第二类税包含在第三十二章所讨论的那些没收措施当中。

第二十九章 限制生产

第一节 限制生产的本质

这一章所要讨论的那种政策措施，旨在直接干预生产（按"生产"一词最广泛的意义，包括商业和运输），使生产活动偏离市场经济未受干扰时的运行轨迹。当然，权威机构对工商业的每项干预，都会使生产活动偏离企业家只听从符合当前市场消费者的需求时所采取的生产途径。对生产活动施加限制的特征在于，生产活动的偏离不只是一个无意却不可避免的次生后果，反而恰恰是当局想要的干预结果。像其他干预措施一样，限制生产的干预措施也会影响消费。但是，再强调一次，就本章所要讨论的限制措施而言，影响消费不是政府希望达到的主要目的，政府希望的是干预生产。没错，政府的限制措施也会影响消费，但是，按照政府的说法，这个事实要么完全违背了政府的意愿，要么是一个不受欢迎但又必须忍受的后果，因为政府认为该后果是不可避免的，而且它相对于不干预措施的后果是一个较小的损害。

限制生产是指政府禁止某些商品的生产、运输和营销模式的应用，或者使特定物品的生产、运输或营销变得更加困难、更加昂贵，或者只允许应用特定的生产、交通或营销模式。因此，政府会废除某些可供满足人们需求的手段。这种干预效果是阻止人们以能够产生最高收益和尽可能满足需要的方式去利用他们的知识、能力、劳动和生产手段。这种干预使人们变得贫穷，使需求得不到满足。

这就是问题的症结。试图驳倒上述观点而提出一些吹毛求疵的论述都是白费工夫的。在未受干扰的市场中，存在一个不可阻挡地把每个生产要素都用在满足消费者最迫切需求的那些途径上的趋势。如果政府干预这个市场过程，那就只会阻碍消费者获得满足，绝不可能增加他们的满足。

就历史上政府对生产活动的各种干预中最重要的国际贸易障碍而言，这个观点的正确性已经得到了无可辩驳的证明。在国际贸易方面，古典经济学家的学说，尤其是李嘉图的学说有决定性的作用，它使争论得到了彻底解决。关税只是使生产地点从单位投入产出比较高的地方移往单位投入产出比较低的地方，它不会增加生产，它只会削减生产。

有些人详细论述了政府对生产活动的所谓"激励性"。然而，政府没有办法激励某一生产部门，除非打击其他生产部门。政府只能把某种生产要素从市场未受干扰时的生产部门撤出，转到别的生产部门。为了达到这个效果，政府究竟采取了哪些行政措施是无关紧要的。政府也许会采取公开补贴的做法，也许以征收关税迫使人们支付补贴成本的方式去掩饰补贴。最重要的事实是，人们被迫放弃某些他们认为比较有价值的满足，而仅得到他们认为没有价值的满足作为弥补。干预主义的论证基础包含这样的观念：认为政府或国家是某种超然于社会生产过程之外的实体，认为政府或国家拥有某种不是向民众征税而得来的东西，认为政府或国家能支用这种神秘的东西，以实现某些特定的目的。凯恩斯勋爵把这种"圣诞老人"般的神话抬高成为一个体面的经济学说，而受到所有那些想要从政府支出中获得私人利益的人的热情拥护。针对这些流行的谬误，我在这里有必要强调一个不言而喻的道理，即凡是政府能支用或投资的东西都是从民众手中拿走的，政府的支用和投资每增加一分，民众的支用和投资就相应地减少一分。

虽然政府干预商业不会使民众更加富裕，但它肯定有权通过限制生产使民众的满足感下降。

第二节 限制生产的目的

限制生产必然会导致公民个人满足感的下降，这个事实并不表示限制生产必然被视为有害的。政府不会荒唐地采取限制措施，它要达成某些目的，而且它认为相关的限制措施是达成该目的的适当手段。所以，限制措施的评估结果取决于对两个问题的解答：其一，政府所选用的手段能否达成它的目的？其二，该目的的达成是否足以弥补某些公民所做出的牺牲？之所以提出这些问题，是因为我们要以处理征税问题的态度来看待限制生产的措施。纳税直接降低了纳税人的满足感，但这是纳税人为了使政府能服务社会和社会的每个成员所支付的价格。只要政府履行它的社会功能，而且税收也没超过确保政府机构顺利运行所需的金额，那么缴纳的税款便是必要的成本，并且是自动回本的支出。

以限制生产的措施取代征税去达成政策目标显然是很适当的。譬如，国防经费大部分是用国库征税收入来支付的，但是，政府偶尔也会采取别的方法。有时候为了充实国家抵御侵略的战备物资，政府需要扶持某些在市场未受干扰情况下不可能存在的产业部门。这些产业必须加以补贴，而这种补贴支出应该和其他军备支出项目一样，即使政府以征收相关产品进口关税的方式对这些产业进行间接补贴，补贴的性质仍然是不变的。唯一的差别在于，这时消费者直接承担了关税所引起的较高成本，而政府直接补贴产业则是通过缴纳较高的税赋间接支付补贴成本。

在颁布限制措施时，许多政府和国会几乎从未意识到这种措施会扰乱工商业的发展。例如，他们轻率地认为，保护性关税能提高国民的生活水平，并且盲目地拒绝承认经济学关于保护主义后果的学说是正确的。经济学家对保护主义的斥责是无可辩驳的，也是没有任何党派偏见的。经济学家不是从任何预设的观点说关税保护不好，他们只是证明了关税保护不能达成政府通常希望借由关税保护去达成的那些目的。他们不质疑政府行为的最终目的，他们只是认为，政府所采取的手段不可能实现它们想要达到的目的。

在所有的限制措施当中，最受欢迎的是那些所谓同情劳工的立法。在这方面，许多政府和舆论也严重误判了相关措施的效果。他们相信，限制工作时间和禁止雇用童工虽然会加重雇主的负担，但对于赚取工资者来说，则纯粹是一项"社会利得"。然而，只有在这种通过法律措施减少劳动供给，从而使劳动相对于资本财的边际生产力仍存在上升趋势时，这样的想法才是正确的。但是，劳动供给的减少，也会导致生产财货总量的下降，从而导致平均消费的下降。整块饼的体积都缩小了，只是在企业这块小饼中分给赚取工资者的那部分比例高于他们从原先那块大饼中分到的比例。同时，资本家分到的那部分下降了。[1]至于各个不同种类工人的实际工资究竟是增加还是减少，要根据具体情况确定。

对于同情劳工的立法，流行的评价其实建立在一个错误的基础上，即人们误以为工资率和工人的劳动为生产资料所增加的价值没有任何因果关系。"工资铁律"认为，各种工资率取决于不可或缺的最低生活必需品的数量，工资率绝不可能高于维持最低生存所需的水平。工人所生产的价值和他应得的工资之间的差额全部进入了剥削阶级雇主的口袋。如果该差额因限制工作时间而缩减，那么赚取工资者只是减免了一部分辛劳和麻烦，其工资保持不变，而雇主则被剥夺了一部分不正义的利润。总产出的缩减只缩减了资产阶级剥削的收入。

我们在前面已经指出，在西方资本主义演进的过程中，同情劳工立法的实际作用直到近几年仍远远不如相关问题在公开场合讨论的激烈程度所暗示的那样重要。大多数时候，劳动立

---

[1] 企业家的利润和亏损不受同情劳工立法的影响，因为利润和亏损完全取决于适应市场情况变化的生产调整和冒险的成败。对于这些利润和亏损，劳动立法的重要性仅在于劳动立法是引起市场情况变动的一个因素。

法只是为已经因快速的工商业发展而圆满促成的情况变动,增加一种法律上的事后认可形式罢了。[1]但是,在那些迟迟未采纳资本主义生产模式,因而在现代化制造业上发展落后的国家,劳动立法却是一个关键的问题。这些国家的政客受到一些似是而非的干预主义学说的蒙骗,相信他们能通过抄袭先进资本主义国家的劳动立法来改善本国极度贫穷的广大群众的命运。他们看待这些问题的态度仿佛只需从被误称为"人道的角度"来处理,以致未能看出问题的症结。

在亚洲,现在有数百万贫困儿童因饥饿处于濒死状态。相比于美国或欧洲的标准,那里的工资极其微薄。那里的工作时间很长,而且工作场所的卫生条件也很糟糕。这样的情况着实令人心酸。但是,要消除这些不幸,除了抓紧工作、生产和储蓄,从而积累更多资本,没有别的办法。一些自命为慈善家和人道主义者所主张的那些限制生产的措施肯定是无效的。那些措施不仅不能改善人们的生活状况,还会使情况变得更加糟糕。如果父母太贫穷,以致无力抚养子女,那么禁止童工无异于判决子女饿死。如果劳动边际生产力非常低下,以致一个工人要工作10小时才能赚到一份远低于美国工资水平的工资,那么法令规定每个工人每天最多只能工作8小时是不会造福工人的。

我们所讨论的问题不是该不该或希不希望改善赚取工资者的物质幸福。对于被误称为同情劳工的法律,坚持推动立法的一方故意混淆了问题。他们一再强调,更多的休闲和更高的实际工资,以及使孩子和已婚妇女不必工作,将会使工人的家庭

---

[1] 参见第二十一章第七节。

更快乐。他们通过谎言和诽谤，责骂那些反对通过法律手段伤害工薪阶层利益的人，指责对方是"陷害劳工者"和"劳工的敌人"。这里所涉及的不同意见无关双方想要达到的目的，而仅涉及应该采取什么手段去达到那些目的。问题不是该不该改善广大群众的物质幸福，问题是以政府法令限制工作时间和禁止雇用妇女与孩童是不是正确的手段，是不是真的可以提高工人的生活水平？这是一个必须由经济分析解决的交换学问题。情绪性的言语是对这个主题的背离，是恶意的障眼法，它掩饰不了一个事实，即这些自以为是地主张采取干预和限制措施的人没办法提出任何站得住脚的理由，反驳经济学家有理有据的论证。

美国普通工人的生活水平远比越南普通工人的生活水平更令人满意。美国的工作时间比较短，美国的孩童被送进学校，而不是被送进工厂。这些事实不是美国政府和美国的法律造成的，它们是这个事实的结果。即美国每个受雇员工所使用的平均资本财数量远大于越南，因此美国的劳动边际生产力远高于越南。这不是什么"社会政策"的功劳。这是过去没有破坏资本主义演进的时代，采取了自由放任的手段所造成的结果。如果亚洲人想改善本国民众的命运，必须采纳的正是自由放任的方法。

亚洲和其他地区的落后国家现在之所以贫穷，与西方资本主义早期令人不满意的情况完全一样：一方面是人口迅速增加，另一方面则是各种限制措施耽误了生产方法的调整，使生产赶不上人口快速增加的生存需要。在当今大学所采用的典型教科书里，主张自由放任的古典经济学家被轻蔑地当成悲观主义者，甚至成了为资本主义剥削阶级不公不义的贪婪辩护的人，然后轻易地就被忽略了。然而，为经济自由铺平道路，使普通人的生活水平得以提升，正是他们不朽的荣耀。

经济学并非武断的教条，尽管那些鼓吹政府万能和极权专制的人非要这样说。经济学既不赞同，也不否定那些限制生产和缩减产出的政府措施。经济学只是认为，说清楚这种措施的后果是经济学的任务。选择采纳什么政策最终取决于民众。但是，在做选择时，如果人们希望达到自己的目的，便绝不可忽略经济学的观点。

当然，在某些场合，人们可能认为一定的限制措施是有道理的。某些防范火灾的规定是会限制生产的，因为它会提高生产成本。但它们所导致的总产出的缩减是为了避免发生更大的灾难而必须付出的代价。每个限制措施的实行都应该经过仔细权衡，都应该考虑它会花费多少成本和产生什么效益。只要是理智的人，都不可能质疑这个行为准则。

第三节　作为一项特权的限制

市场外生条件的每一次被干扰，对不同的人和不同的群体会产生不同的影响。对某些人来说，变动是恩赐，对其他人则是打击。直到过了一段时间，生产活动在经过调整后适应了新出现的条件，这些影响才会消失。例如，一项限制措施虽然使绝大多数人处于不利地位，但也可能会暂时改善某些人的处境。对这些受惠者来说，这种措施就好像让他们暂时享有某项特权一般。他们时时刻刻都想要这种措施，因为他们时时刻刻都希望享受特权。

在这方面，关税保护是一个最显著的例子。对某项进口商品征收关税会加重消费者的负担。但是，对国内的生产者而言，这是一个恩赐。从国内生产者的角度来看，政府颁布新关税和提高旧关税是一桩不得了的好事。

上述分析对于其他限制措施也同样有效。无论政府是通过直接手段，还是通过财政歧视限制大企业和大公司，小规模企业的竞争地位都会增强。如果政府限制大卖场和连锁商店，小规模的店家当然会欢欣鼓舞。

有一点很重要，即被这些措施的受惠者视为有利的那种优势，只会持续一段有限的时间。长期而言，任何授予某些生产者的特权都会逐渐丧失效力，直到最终不再为他们创造特殊利益。享有特权的生产部门会吸引一些新入者，而这些新入者的竞争则倾向于消除相关特权所带来的特殊利益。因此，法律的宠儿渴求特权的欲望是永不餍足的，他们不断要求一些新特权，因为那些旧特权逐渐丧失了效力。

如果生产结构已经调整到完全适应了一项旧的限制措施，如果这项旧措施被撤销，那就表示市场外生条件发生了新的变动。短期内，它对某些人有利，对另一些人有害。让我们以某一项进口关税为例说明这种情形。假设R国在好多年前，譬如说在1920年，颁布了一项对皮革进口征税的新法案。对当时凑巧从事皮革制造的一些R国企业来说，这是一种恩赐。但是，随着该国制革业生产规模的扩大，制革业者在1920年和随后几年间享有的额外利益消失不见了。实际上，全球皮革的一部分生产从每单位投入产出比较高的地点转移到了R国的一些地区，在那里，生产皮革需要比较高的成本。R国的居民购买皮革所支付的价格，高于他们在该项关税征收前所支付的价格。和皮革自由贸易时的情况相比，由于有比较大的一部分R国资本和劳动投入制革业，因此其他产业萎缩或者至少导致其增长受阻。从国外进口的皮革比较少，而为了支付皮革进口价格所输出的R国的其他产品数量也变得比较少，于是R国的国际贸易总量减少了。现在，世界上没有任何一个人从这项旧关税中得到任何利益，相反，每个人的利益都因人们勤勉努力的总产出下降而被损害。如果R国针对皮革业所采取的政策，在所有国家针对每一种商品以最严格的方式实行，以致完全废除了国际贸易，那么每个国家都只能靠自给自足，全世界所有民众将不得不完全放弃国际分工所带来的好处。

很明显，撤销R国对皮革征收进口关税，长期而言必定对每个人都有利。然而，短期内，它将伤害那些已经投资于R国制革业的资本家利益，同样也会伤害R国那些具有制革专长的工人的短期利益。这种工人有一部分要么必须移民国外，要么必须换工作。这些资本家和工人会激烈地反抗一切企图降低或完全废除皮革关税的尝试。

这清楚地表明，一旦产业结构已经适应了限制生产的措施，撤销它们在政治上极其困难。虽然它们的效果从长期来看有损于每一个人的利益，但它们的撤销在短期内不利于某些特殊团体。这些对于保持限制措施而享有特殊利益的团体当然只是少数人。在R国，只有少数制革业的从业者将因皮革关税的撤销而受损，绝大多数人作为皮革和皮革制品的购买者，将因这些产品价格的下降而受惠。在R国的领土之外，撤销关税只会让某些人受损，这些人从事的产业将因制革业的扩张而趋于萎缩。

反对自由贸易的人士所提出的最后一个反对理由是这么说

的：虽然只有那些从事制革业的 R 国人与皮革关税有直接利益，但是每个 R 国人都属于许多产业部门中的某个部门，如果每种国内产品都受到关税保护，那么过渡到自由贸易将损害每个产业的利益，而将损害加总起来，就是整个国家的所有行业资本和劳动团体的利益。因此，撤销关税在短期内将损害所有公民的利益，而人们最重视的就是短期利益。

这个理由包含了三重错误。第一，并非所有产业部门都将因过渡到自由贸易而受损。恰恰相反，在自由贸易下，那些生产成本最低的 R 国产业将会因此而扩张，这些产业的短期利益将受惠于关税的撤销。它们的产品所受到的关税保护对它们本身没有一点好处，因为在自由贸易下，它们不仅能生存，还能扩张。对那些在 R 国生产成本相对高于国外的产品所采取的关税保护是不利于这些部门的发展的，因为关税保护把原本用来扩大生产的资本和劳动转移到了那些受关税保护的部门。

第二，所谓短期利益原则完全是谬论。市场外生条件的每一次变动，在短期内都会使那些未能及时预先做出安排的人受损。如果短期原则的捍卫者逻辑一致，那么他们必定会认为所有外生条件是固定不变的，他们必定反对任何改变，包括医疗和科技方面的任何进步。[1] 如果时刻行动的人，真的总是宁可避免近期的不幸，也不愿意避免未来的不幸，那他们便已堕落到了动物的层次。人的行为之所以有别于动物行为，其精髓就在于，为了获得某些较大的、但时间上较长远的满足，人会有意识地放弃一些近期的满足。人的时序偏好不是绝对的，而只

---

[1] 这种逻辑的一致性表现在一些纳粹哲学家身上。参见桑巴特（Sombart）的《新社会哲学》（*A New Social Philosophy*），第 242—245 页。

是权衡各种利弊得失时会考虑到的一个方面。人，为了在未来的某一天获得有益的效果，而于现在吞下苦药；人，绝不可能无条件地选择短期的幸福，而放弃长期的幸福。他对每一个备选方案所带来的预期的满足程度，必定也会加以斟酌。

第三，如果考虑的是 R 国整个关税制度的存废，那就必须记住一个事实，即 R 国从事制革业的那些人的短期利益，仅受到废除制革业关税的损害，但废除所有（相对于国外）生产成本比较高的那些产品的关税则对他们有利。没错，相对于其他产业部门的工资率，制革业的工资率在一段时间内将会下降。而这一段时间将一直持续到 R 国各生产部门彼此间的工资率重新建立长期且适当的相对比例为止。但是，在制革业工人的工资收入短暂下降的同时，他们购买的许多消费品价格也在下降。而这个改善他们的处境的趋势，并不是只在过渡期间才存在。这种改善的趋势是自由贸易引导每一个产业部门转移至比较成本最低的地点，从而提高劳动生产力、增加产品总产出量等长久幸事的最终结果。也就是说，这种改善的趋势正是自由贸易保证市场社会的每个成员享有的长期的、持久的福利。

从制革业者的个人角度来看，如果皮革进口关税是唯一的关税，那么他们反对废除关税保护的立场就是可以理解的。我们可以把他们的反对态度视为源于特殊身份的利益。这种利益类似种姓阶级的利益，享有这种特权利益者在短时间内会因所享特权的撤销而受伤，即便这种特权持续存在，也不可能再给这些特权利益者带来什么好处。但是，在这个假想情况下，制革业者的反对是没用的。因为 R 国的多数民众会推翻制革业者的反对意见。保护主义者的队伍之所以会增强，原因就在于皮革关税不是特例，许多产业部门也处于类似的地位，即也面临废除它们所属部门享有的关税保护。这种支持关税保护的群体，当然不是一个以各团体的特殊利益为基础的同盟关系。如果每个人都被关税同等保护，则每个人作为消费者所损失的，不仅和他作为生产者所获得的一样多，而且会因许多产业从比较有利于生产的地点转移到比较不利于生产的地点所导致的劳动生产力普遍下降而受害。相反，长期而言，所有关税的废除将使每个人受惠。而且特定关税项目的废除，对相关利益团体的特殊利益所造成的短期伤害，至少会因为所有关税的废除导致该利益团体成员购买和消费的商品价格的下降，而在短期内获得部分补偿。

许多人将关税保护视为赋予本国工人的一项特权，让本国工人在关税保护存续期间内，得以享有比他们在自由贸易下享有的更高的生活水平。这个论点不仅在美国有人提出，而且在世界上其他国家也有人提出，只要该国的平均实际工资率高于其他国家。

没错，在资本和劳动力可以自由流动的情况下，对同一种类和相同质量的劳动所支付的价格，在全世界范围内将趋于相等。[1] 然而，即使产品有自由贸易，在我们这个有各种移民障碍和各种制度阻挠外国资本投资的现实世界里，工资率倾向于相等的趋势也并不存在。劳动边际生产力在美国比在中国高，不仅因为在美国每个工人的平均资本投入比较大，也因为存在着移民障碍阻止越南工人移民到美国，而使他们不能在美国的劳动市场上竞争。在解释这个边际生产力差异时，我们无须探

---

[1] 详细的分析，见第二十一章第九节。

讨美国的自然资源是否比中国丰富，也无须研究中国黄种工人的能力是否比美国白种工人低。无论如何，这些事实，即各种限制资本和劳动力流动的制度障碍，已足以解释工资率不会倾向于相等。由于废除美国关税不会消除限制资本和劳动力流动的障碍，因此这一做法不会有损美国工人的生活水平。

恰恰相反，在资本和劳动力流动受到限制的情况下，若过渡到产品自由贸易，则美国人的生活水平必定会提高。一些在美国生产成本相对较高（生产力较低）的产业将会萎缩，而成本相对较低（生产力较高）的产业将会扩张。

没错，瑞士钟表业和中国刺绣业的工资率确实低于美国钟表业和刺绣业的工资率。在自由贸易下，瑞士人和中国人在美国市场的销售量将会扩大，而他们在美国同行业的竞争对手的销售量将会萎缩。但是，这只是自由贸易的一部分罢了。瑞士人和中国人由于卖出的商品更多，也会生产更多的商品，于是可以赚得更多，也买得更多。至于他们是否会购买更多美国其他产业的产品，或者是否购买更多国内的产品或其他国家的产品，那是无关紧要的。无论如何，他们多赚到的那些美元，最后必定全数流入美国，增加美国某些产业的销售量。因为瑞士人和中国人不是圣诞老人，不会把他们的产品当礼物赠送出去，所以他们必定会把多赚到的美元用于购买某些东西。

流行的观念之所以与前面的分析相悖，是因为人们存在一个错觉，误以为美国能通过减少美国人的总现金量来增加购买进口商品。这是一个影响恶劣的谬论。依这个谬论看来，人们在购买东西的时候不会考虑现金量的多少。所以，现金的存在，只是凑巧没有更多东西要买而剩下来的结果。这个重商主义的教条为什么是完全错误的，我们已在前面加以证明了。[1]

在工资率和赚取工资者的生活水平方面，关税真正的效果完全不是流行的观念所认为的那样。

在商品允许自由贸易但工人的流动和外国人投资受限的世界里，不同国家对同一种类的质量相同的劳动力所支付的价格，会趋向于形成某一确定的差距。不同国家的工资率绝不会趋于相等。但是，在不同国家"最后"被支付的劳动价格之间，有一定的数值关系。所谓最后价格出现在"充分就业"的情况下，即出现在当所有渴望赚取工资者都得到一份工作，而且所有渴望雇用工人者都能如愿雇到他所希望雇用的工人之时。

让我们假设只有两个国家——R 国和 M 国。在 R 国，最后工资率是 M 国的两倍。R 国政府现在采取那些被误称为"同情劳工"的措施，即让雇主承担一笔额外的支出，而这笔支出的大小及其所雇用的工人人数成正比。譬如，R 国减少每周工作时间，但不允许每周工资率相应下降。结果是，R 国所生产的财货数量下降，同时每单位财货的价格上升。每个工人现在享有较多的休闲时光，但是，他的生活水平下降了。在各种财货供应数量普遍减少的情况下，除了生活水平下降，还能有什么别的后果呢？

这个后果是 R 国的一个国内事件，即使没有国际贸易，这个后果也会出现。但 R 国不是自给自足的国家，而是一个和 M 国有买卖关系的国家，这个事实不影响前述事件的本质，但是，它牵涉 M 国。由于 R 国民众现在的生产和消费比较少，他们将

---

[1] 参见第十七章第十三和十四节。

减少购买M国的产品，所以M国的生产将出现普遍下降的情形。M国过去将产品外销到R国的产业，此后将不得不在国内市场销售产品。M国将发现，它的国外贸易量下降了，它将不得不实现自给自足。在保护主义者的眼中，这是一件好事，但实际上，它表明人们的生活水平变低了。因为较高成本的生产活动取代了较低成本的生产活动。这时M国民众所经历的，和孤立的自给自足的C国家在某次天灾之后降低了C国某个产业部门的生产力后将会经历的没什么两样：只要存在分工，每个人多少都会因别人对市场供给所贡献的数量减少而遭殃。

然而，R国同情劳工的新法律在国际上所引起的这些不可阻挡的最终后果，对M国的不同产业将有不同的影响。不管是在R国还是在M国，生产结构要调整到完全适应新的外生条件的状态，这需要经过一系列的步骤。这些调整过程的短期效果与调整终止时的长期效果不同，它们比长期效果更引人注意。几乎每个人都会注意到短期效果，而长期效果则只有经济学家才能看出来。要隐瞒长期效果不让一般民众知道不是一件难事。然而对于很容易看出的短期效果，那就必须费心做一些安排，以免民众的热情消退而不再支持这种据称是同情劳工的立法。

第一个出现的短期效果就是，R国某些生产部门相对于M国同业的竞争力减弱。由于R国国内价格上升，某些M国的人便有可能在R国扩大他们的销售量，这只是暂时的效果。最后，所有M国产业在R国的总销售量势必会下降。尽管M国对R国出口的整体数量终将下降，某些M国产业却有可能长期扩大它们在R国的销售量（这取决于各种产业新的比较成本形势）。但是，这些短期效果和长期效果之间没有必然的关联。过渡期间的一系列调整步骤瞬息万变，预期结果可能完全不同于最后的调整结果。然而，短视的 R 国民众的注意力却完全被这些短期效果所吸引。他们听到受影响的商人抱怨，R 国的新法律让 M 国得以在 R 国和 M 国实现降价竞争，他们看到某些 R 国商人不得不缩减生产规模，不得不解雇员工。于是，他们开始怀疑：那些自命为"非正统的劳工朋友们"的教诲，也许有一些不对劲的地方。

但是，如果 R 国筑起一道关税壁垒，足以防止 M 国人于短期内扩大在 R 国市场的销售量，那么，情况便会完全不一样。这时，新"同情劳工"措施最引人注意的短期效果，就会被遮掩，以致一般民众不会感觉到它们的存在。当然，那些长期效果是避免不了的，但它们是由另外的一系列的短期效果造成的。而这一系列短期效果因为不容易察觉，所以不会惹人生厌。于是，那一套关于缩短工作时间可以产生所谓"社会利得"的空话，就不会因为立即出现一些每个人都认为不好，尤其是大部分遭到解雇的工人认为不好的效果而被推翻。

关税和其他保护主义措施当今的主要功能，就是掩盖各种所谓的旨在提高广大群众生活水平的干预主义政策的实际效果。据说，这些流行的干预政策可以改善赚取工资者的物质幸福，然而，它们其实是在损害赚取工资者的物质幸福，所以，经济国家主义[1]是这些流行的干预政策的必要搭档。[2]

---

[1] 对"经济国家主义"一词的分析，请参见第九章第二节。——译者注
[2] 请参见第十六章第六节提到的卡特尔的功能。

第四节　作为一个经济体制的生产限制

正如前面已经说过的，在某些情况下采取某个限制措施，可以达到想要的目的。如果采取该限制措施的人认为，达到这个目的比该限制措施所引起的诸多不利——可供消费的各种物质财货减少——更重要，那么根据他们的价值排序，采取该限制措施可以说是正当的。他们会支付一些成本，并因此付出代价，以便获得某个他们认为比必须购买或必须放弃的东西更有价值的东西。他们的价值判断是否具有正当性，谁也不能和他们争辩，更不用说我们这样的理论家了。

处理各种生产限制措施唯一合适的方式，就是把它们当作为了达到一定目的而必须付出的代价，它们属于准支出和准消费。它们会以某种替代方式使用那些原本可以生产出来供应消费的财货，以达到其他目的。虽然某些财货的生产受阻，但这个准消费正是比不实施限制时将会生产出来的财货更令限制措施的发起人觉得满意的东西。

就某些限制措施而言，这是人们普遍采纳的观点。如果政府规定某块地应该作为国家公园保持自然状态，不得挪作任何其他用途，这样的举措没有超出消费支出。政府的规定使民众失去了通过耕种这块地可能得到的各种产品，也没有给他们提供另外一种满足。

由此可知，生产限制除了是附属于某个生产体制的一个补充措施，绝不可能扮演其他角色。单凭这种限制措施，绝不可能构建出什么经济体制。不会有哪一套措施能连接起来成为一个完整的经济体制，它们不可能形成一个生产体制。它们属于消费范畴，不属于生产范畴。

在考察干预主义的问题时，我们专注于检视一个论点，即那些提倡政府干预工商业的人士所主张的——他们所建议的体制可以取代其他经济体制。就限制生产的措施而言，提出这样的论点绝不可能是合理的。那些措施所能达成的目的充其量只是缩减产出和满足。财货是通过花费一定数量的生产要素生产出来的。缩减其数量不会增加而只会减少生产出来的财货数量。有些生产目的可以通过"缩短工作时间"来达到，但"缩短工作时间"依然不是一个限制生产的措施，它永远只是一个削减产出的方法。

资本主义是一个社会性的（不是个人的）生产体制。计划经济者说，计划经济也是一个社会性的生产体制。但是，考虑到限制生产的那些措施，即使是干预主义者也不能这么说。他们只能说，在资本主义制度下，太多东西被生产出来了，而他们希望阻止生产多余的东西，以便实现其他目的。他们自己必须承认：限制生产的措施必然是有界限的。

经济学没说限制生产是一个不好的生产体制。经济学说限制生产完全不是一个生产体制，而是一个准消费体制。干预主义者想要通过限制生产达到的那些目的，大多不可能通过限制生产来达到。但是，即使在某些情况下，某些限制措施可以达到其想要的目的，它们也只是限制性的（不是生产性的）。[1]

在我们这个时代，限制生产之所以大受欢迎，是由于人们未能意识到限制生产的后果。在面对以政府命令缩短工作时间

---

[1] 至于以李嘉图效应的观点反对这个论点的一些理由，请见第三十章第三节。

的问题时，一般民众未能意识到总产出必定下降的事实，也未能意识到赚取工资者的生活水平很可能会随之下降。当今"非正统阵营"的一个说法是，这样一个"同情劳工"的措施，是给工人享受的一项"社会利得"，而这项利得的成本则完全由雇主承担。谁要是胆敢对这个教条提出质疑，就会遭到污辱，会被他们说成是对那些冷血剥削者的阿谀奉承，是在为剥削者的不正义搽脂抹粉，甚至还会遭到无情的骚扰迫害。人们含沙射影地暗指质疑者希望把赚取工资者的处境逼回到现代工业制度早期那种虽然工作时间很长但又贫穷的状态。

针对所有的谩骂与污蔑，这里有必要再次强调一个事实，即带来财富和物质幸福的是生产，而不是限制生产。在资本主义国家，现在普通的赚取工资者比他的祖先消费了更多财货，也更有财力享受更多休闲，他们能赡养妻儿，而不必让她们去工作。所有这些事实都不是各国政府和工会的成就，而是追求利润的工商业，积累和投资更多资本，从而使劳动生产力提高了千百倍的结果。

第三十章　干预价格结构

第一节　政府和市场自律

　　干预市场结构是指，有关当局决定把商品与服务价格和利率规定为不同于未受干扰的市场水平。有关当局下达命令，授权或公开默许某些特定团体发布命令，决定价格和利率的高低，并且准备以强制和胁迫手段来执行该命令。

　　在采取这些措施时，政府要么希望惠及买者——所以规定最高价格；要么希望惠及卖者——所以规定最低价格。规定最高价格，旨在使买者得以按低于未受干扰的市场价格买到他希望买到的商品或服务；规定最低价格，旨在使卖者得以按高于未受干扰的市场价格卖出他的商品或服务。政治权力的天平决定了有关当局希望惠及哪些团体。针对不同商品，政府有时采取最高价格干预，有时采取最低价格干预；政府有时候规定最高工资率，有时候规定最低工资率。只是对于利率，政府未曾规定最低利率。当政府干预利率时，总是规定最高利率。政府总是对储蓄、投资、放债等行为另眼看待。

如果干预措施涉及所有价格、工资率和利率，那就等于以纳粹模式的计划经济全面取代市场经济。这时，市场、人际交易、生产资料私有制、企业家冒险和私人主动创新实际上会完全消失。谁也不再有机会按自己的意愿影响生产过程了，每个人都必须服从最高生产管理当局的命令。在这些密密麻麻的命令中，被称作价格、工资率和利率的那些东西不再是交换学意义上的价格、工资率和利率，而只是生产指挥当局规定的活动量化指标，并且和市场过程毫无关系。采取价格管制的政府和提倡价格管制的社会改革者，如果总是下定决心建立纳粹模式的计划经济体制，经济学就用不着单独处理价格管制问题了。关于这种价格管制，所有必须说的都已经包含在关于计划经济的分析里了。

对于这一点，许多提倡政府干预价格的人士从过去到现在一直十分迷茫。他们未能看出市场经济和非市场经济之间的根本差异。他们的迷茫反映在其含混的用字遣词和混乱的术语上。他们尝试融合一些彼此完全不兼容的东西，他们的一些主要概念，被逻辑学家称作 condradictio in adjecto（形容词的矛盾），而被一般人称作自相矛盾。

无论如何，过去和现在都有一些提倡价格管制的人士公开宣称，他们希望保留市场经济。他们坦率地断言，政府可以通过规定价格、工资率和利率，达成政府希望达成的一些目的，而无须完全废除市场和生产资料私有制。他们甚至宣称，要保存私有企业制和阻止计划经济的来临，价格管制是最佳的或唯一的手段。如果有人质疑他们的教条，他们会立即变得非常愤慨。他们会指出：如果不想让事态变得比政府和干预教条主义者所能容忍的更恶劣，价格管制最后必定演变成计划经济制度。他们会抗议说他们不提倡计划经济，他们追求的是经济自由，而不是极权体制。

我们必须检视的是这些干预主义者的教条。问题的症结在于：通过把价格、工资率和利率规定在某个不同于未受干扰的市场水平，警察的权力是否能达到干预主义者希望达到的目的？毫无疑问，一个强大的和坚定的政府有权力规定这种价格上限或价格下限，并打击不服从命令者，但问题是，有关当局颁布这种命令能否达到它的那些目的？

历史上，有一长串价格上限规定和反高利贷法的记录，不时有皇帝、国王和革命独裁者尝试干预市场现象。不服从管理的商人和农夫会被严厉惩罚，许多人成为各种迫害措施的牺牲品，而这些迫害措施却迎来了广大群众的热烈赞同。尽管如此，所有这些干预措施仍然都以失败收场。律师、神学家和哲学家的著作对这种失败做出的解释完全符合统治者和广大群众秉持的想法。他们说，人在本质上是自私且罪孽深重的，但很不幸的是有关当局的执法太过宽松，它们所欠缺的，是必须更坚决和更专横的当权者。

对于相关问题的认识，首先是通过一个比较特殊的问题获得的。许多政府早就干起了通货贬值的勾当，它们以一些廉价的金属取代了钱币原先所含有的一部分黄金或白银，或者减少钱币的重量和大小。但是，它们仍继续在那些质量变差的钱币上铸刻旧钱币常用的名称，并且命令人们必须按钱币的名义价值接受质量变差的劣币。后来，关于金银交换比率和金属钱币，以及信用货币或不可兑换法偿货币的交换比率，政府尝试要求辖区的臣民遵守类似的规定。经济思想的先驱一再探索，究竟是什么原因使所有类似的命令沦落到失败的地步？在中世纪的最后几百年，人们终于发现了后来被称作"格雷欣法则"的规律。然而，从发现这个规律到18世纪的哲学家开始意识到所有市场现象的相互关联性，还是经过了很长一段时间。

古典经济学家及其继承者在陈述推理的结论时，有时候使用了一些世俗的习惯用语，这就很容易遭到别有用心的人的曲解。例如，他们有时候讲到实施价格管制是"不可能"的，他们真正的意思并非这种命令不可执行，而是指不可能达到政府所希望达到的那些目的，甚至还会使事态进一步恶化。他们断言，这种命令会事与愿违。

大家必须明白，价格管制问题不仅是经济学需要处理的一个问题，即它不仅是一个不同经济学家可以有不同见解的问题，这个问题应该是，人们是否认可经济学的知识？市场现象发生的顺序和各种连接中有没有规律可言？对这两个问题予以否定的人，拒绝承认经济学作为一门知识的可能性与合理性，甚至否定其存在。他退回到经济学发展以前的年代所秉持的信念。他宣称，其实不存在任何经济法则。他断言，价格、工资率和利率其实不是由市场外生给定条件单独决定的。他声称，警察也有权力任意决定这些市场现象。一个提倡计划经济的人，不一定会否定经济学的存在。他视为理所当然的那些假定不必然表明了市场现象未定论（indeterminateness）。但是，干预主义者在提倡价格管制之际，不能不否定经济学的存在，因为只要拒绝承认市场法则，经济学就什么内涵都没了。

德国历史学派的逻辑是一以贯之的，它极端反对经济学，并努力以政治学的经济方面（wirtschaftliche staatswissenschaften）取代经济学。英国费边主义和美国制度学派的一些名人的逻辑也同样是一致的。但是，如果有些作者不完全抛弃经济学，却又断言价格管制可以达成所要追求的目标，那么他们可就自相矛盾到了一个可叹的地步了。经济学家的见解和干预主义者的见解在逻辑上是不可调和的。如果各项价格是由市场外生给定条件单独决定的，它们便不可能任由政府强制力量随意操纵。政府的命令便只是一个新的外生给定条件，而它的效果则取决于市场运作，它们不一定会产生政府希望实现的那些结果——干预的最后结果甚至可能比政府希望改变的那个先前存在的事态更加恶劣。

给"经济法则"一词加上引号，或者挑剔"法则"这个名词的意思，不等于证明前述命题是错的。在讲到自然法则时，我们心里想的是这样一个事实：各种物理现象和生理现象之间存在某个不可变更的相互关联性或规律，而行为人如果希望成功，就必须遵守这种规律。在讲到人的行为法则时，我们指的是，现象的相互关联性也存在于人的行为领域，而行为人如果希望成功，也必须承认这个规律性。对于人来说，行为法则存在的事实和自然法则存在的事实一样，都是借由相同的信号显现出来的，即让人们知道它们是真实存在的：行为人实现愿望的力量是受到限制与约束的。如果没有这些法则，人就会无所不能（所以他永远不会感觉到任何不能立即消除的不适），也有可能完全不具有行为能力。

这些宇宙法则，绝不可和人造的国家法律以及人造的道德戒律混为一谈。物理学、生物学和行为学研究的这些宇宙法则是独立于人的意志的，它们是基本存在的事实，并严格限制了人的行为能力。道德戒律和国家法律则是人们用来追求一定目的的手段。实际上，这些目的能否用这样的手段达到，主要由宇宙法则来决定。如果它们能达到这些目的，人造的法则就是适当的；如果它们和目的相违背，它们就是不适当的。人们可以从适不适当的观点出发，检讨和改变它们。至于宇宙法则，质疑它们适当与否是没用的。它们自然存在、自行其是，谁也撼动不了违反它们的人必定会自食其果。但是，执行人造的法则却需要使用特别的制裁手段。

只有疯子才敢忽视物理法则和生物法则，但是，蔑视经济法则者却相当常见。除了物理法则和生物法则，统治者不喜欢承认他们的权力会受到任何法则的限制。他们从未把所遭遇到的失败和挫折归因于他们自己违反了经济法则。

驳斥经济学知识最不遗余力地当数德国历史学派。对这些教授来说，如果想到他们的崇高偶像勃兰登堡的霍亨索伦诸侯和普鲁士国王可能并非万能，那他们是绝不能忍受的。为了拒绝经济学家的学说，他们埋首于成堆的古老文件中，编纂连篇累牍的大部头文集，论述这些光荣君主治理国家的历史。他们写道，这是一个实实在在处理国家和统治问题的方法，在这里，你会发现纯粹的事实和真实的生命，而没有英国教条主义者胡诌的那些毫无生气的抽象论述和错误的概念化推论。事实上，所有这些笨重的大部头书册，记载的正是一长串因为漠视经济法则而失败的各种政策和措施。不可能有人写得出比这些普鲁士政府档案（Acta Borussica）更具教育意味的案例史了。

然而，经济学不能随便同意这样的例证，它必须仔细考察市场对政府干预价格结构究竟会做出什么样的反应。

第二节　市场对政府干预的反应

市场价格的特征就是使供给和需求相等——需求量和供给量并不是仅在假想的均匀轮转经济里能够相等。基本价格理论所陈述的那个单纯的静止状态，是对市场上实际发生的事情的一个真实描述。在一个未受干扰的市场中，某个市场价格如果偏离了供给和需求相等时的那个水平，会自动进行调整。

但是，如果政府将价格规定在某个不同于自由放任市场所决定的水平上，就会打乱需求和供给相等的状态。如果政府限定了最高价格，便会有一些潜在的买者买不到他们想要买的商品数量，即便他们愿意支付当局规定的最高限价，甚至更高的价格。如果政府限定最低价格，便会有一些潜在的卖者卖不出他们想要卖的那个商品数量，即便他们愿意按当局规定的最低价格，甚至更低的价格卖出。在那些潜在的买者和卖者当中，价格不再能区分出谁能买到或卖出。这时必然会有一个不同于市场价格的原则发挥作用，从而决定相关财货与服务的配置，即挑选哪些人获得现有供给的哪些部分。这个原则也许是只有先来的人才能买到，或是只有源于特殊情况（譬如，通过人脉关系）而居于特权地位的人才能买到，或是只有凶残的家伙敢以暴力或威胁赶走他们的竞争者才能买到。如果当局不希望看到由运气或暴力来决定现有供给的配置，不希望看到情况变得混乱，那就必须亲自控制每个人的购买数量。也就是说，当局必须采取配给的手段。[1]

---

[1] 为了简化起见，在本节进一步的论述中，我们只处理商品的最高价格干预问题，而在下节，我们也只处理最低工资率。然而，我们的陈述对于商品最低价格和最高工资率的干预也同样有效。

但是，配给手段并未触及问题的核心。将已经生产出来的某种财货的现存供给分配给许多渴望获得该财货的人只是市场的一个次要功能。市场的主要功能是指示生产方向：市场引导各种生产要素的流动，以发挥其最佳效能，从而满足消费者的最迫切需要。如果政府规定的价格上限仅涉及某种消费财，或仅涉及数量有限的消费财，而生产这些消费财的那些互补生产要素价格是自由的，则相关消费财的生产将会下降。因为一些边际生产者将会停止生产，以避免蒙受损失。一些并非绝对不能转换用途的生产要素，会有较大一部分被用来生产其他没有价格上限的财货。而那些绝对不能转换用途的生产要素，闲置和未利用的部分会比没有价格上限时更多。市场上会出现一个倾向于把生产活动从那些受价格上限影响的生产部门，转移至其他生产部门的趋势。然而，这个结果显然违背了政府的意愿。在颁布价格上限时，当局希望消费者更容易买到相关商品。当局认为那些商品非常重要，以致特意为它们设定价格上限，以使穷人也能买到这些商品。但是，政府干预的实际结果却是这些商品的生产下降或完全停止，即干预彻底失败！

政府为了尝试消除这些不想要的后果，对生产那些已经规定了价格上限的消费财所需的生产要素，也同样规定价格上限，结果也是徒劳无益的。这样的措施如果要成功，所需的生产要素必须全都是绝对不能转换用途的。由于实际情况绝不可能是这样的，所以继采取第一个措施——将某种消费财价格上限规定在潜在的市场价格以下之后，政府必定会不断规定越来越多的价格上限。最后，不仅所有消费财和所有物质类生产要素，而且劳动力也会被纳入其中。政府不得不强迫每个企业家、资本家和受雇者按政府规定的价格、工资率和利率继续生产，并且生产出政府命令他们生产的数量，然后把产品卖给政府指定的生产者或消费者。如果某一生产部门并未受到这样的严密监管，资本和劳动力便会流入该部门。那些被严密管控的部门的生产必然因此缩减，而这些部门恰恰就是政府认为特别重要，以致特别需要干预的部门。

经济学不认为政府特意干预某一种或少数几种商品的价格是不公平的或行不通的。经济学只说从政府和支持政府干预者的观点来看，干预结果和预期目标是相违背的，干预使情况变得更加糟糕。在政府看来，不采取干预措施，一些财货就太贵了。然而颁布价格上限的结果则是，这些财货的供给减少或完全消失。政府出手干预，是因为它认为这些商品是特别重要、非常必要和不可或缺的。但是，政府干预使这些商品的实际供给量减少了，因此，政府自己也不得不承认，政府干预是荒谬的、愚蠢的。

如果政府不甘心接受这个未曾预料到的不良结果，进而变本加厉、不断地加强干预，一旦政府为所有商品与服务规定了价格，强迫所有人继续按限定价格与工资率生产和工作，那么政府的做法就等于完全消灭了市场。这时，计划经济、德国式计划经济便取代了市场经济，消费者不再以他们的买或不买来指示生产方向，而只有政府在指挥生产。

一般来说，规定价格上限会缩减供给量，这与实施价格上限所追求的目标适得其反。这个一般规则只有两个例外：一个是绝对租，另一个是独占价格。

价格上限之所以导致供给减少，是因为边际生产者在蒙受损失之后必然会停止生产。非特殊用途的生产要素，会更多地用在生产其他一些没有价格上限的产品上。至于绝对特殊用途的生产要素，其实际利用率则会下降。在市场未受干扰的情况下，只要非特殊用途的要素没有机会用来满足更迫切的消费需求，那么互补生产要素中那些有绝对特殊用途的生产要素就会被利用。而现在，在有绝对特殊用途的生产要素现有供给中，只有较小的一部分被利用了，而闲置未用的那一部分的供给则增加了。但是，如果有绝对特殊用途的这些生产要素供给非常稀缺，以致在未受干扰的市场价格下，它们的全部供给都被充分利用了，这时就会出现一个边际范围，在此范围内的政府干预不会减少相关产品的供给。价格上限不会缩减生产，只要绝对特殊用途的生产要素边际供给者原来获得的绝对租未被该价格上限完全吞没。不过，无论如何，价格上限总是会导致相关产品的供给和需求不相等。

譬如，一块土地的都市开发租金超过了作为农业用途的租金，超出的金额便提供了一个边际范围。在这个范围内，实施租金管制不会缩减可供出租的都市楼房的占地面积。如果土地的租金管制上限适当地分成若干等级，以致租金管制虽然使相关地主的租金收入减少，但减少的程度没大到会使任何地主宁可把他的土地转作农业用途，也不愿意作为建筑用地，那么这种分级的地租管制便不会影响公寓和商用楼房的供给。然而，这种租金管制会增加公寓和商用楼房的需求，因此反而会造成政府宣称要以租金管制予以解决的那种都市楼房短缺现象。就交换学的观点而言，当局是否针对现有都市楼层采取配给制是一个次要问题。无论如何，价格上限并未消除都市土地租金这个市场现象，而只是把租金从地主的地租收入移转为租用土地者的收入。

实际上，政府实施租金管制，当然从未基于这些考虑来调整租金管制上限。政府也许会将毛租金冻结在租金干预前的水平，也许只允许稍微增加这些毛租金。由于毛租金的两个组成部分——都市租金和建筑物使用权的出让价格的相对比例会因每栋建筑物的具体情况而有所不同,所以,租金管制的影响也并不相同。在某些场合,没收地主利益而转移给承租者,只占了都市土地租金和农业用土地租金之间差额的一小部分。在其他场合,该利益会远远超过这个差额。但是,无论如何,租金管制会造成住宅短缺,因为它增加了需求,却没增加供给。

如果租金上限不仅针对既有的楼房面积,也针对还没有建设的建筑面积,则修建新建筑便不再划算。建筑行业要么完全停顿,要么陷入低潮。于是房地产短缺的情况将长久地持续下去。但是,即使政府现在放任新建筑的租金自由,新房的建设也会减少。现有楼房的租金上限规定会使潜在投资者对兴建新楼房的投资减少,因为他们会把这样的风险纳入考虑,即将来某一天,政府可能像现在对待旧有建筑那样又发布一项新的紧急命令,从而没收他们的一部分收入。

第二种例外指的是独占价格。相关商品的独占价格和竞争价格之间的差额也有一个范围,价格上限如果规定在这个范围内,政府所追求的目标在理论上便不会失败。假设竞争价格为 p,可能的独占价格中最低价格为 m,则将价格上限规定为 c(c 处于独占低价与竞争价格之间,即 $m>c>p$),会不利于卖方把价格提高到 p 以上,因为抬价对他不利。[1] 这样的价格上限将重新确立竞争价格,从而增加需求、生产和上市销售的供给。基于对这一系列价格关联性的模糊认识,所以有人便提议,政府干预市场以维护竞争,以使之尽可能地有效运作。

---

[1] 其中的道理可参见第十六章第六节。——译者注

为了便于讨论，我们也许会忽略这个事实，即对于所有那些因为政府干预而造成的独占价格来说，上述提议是自相矛盾的。如果政府反对新发明造成的独占价格，它便应该停止颁发专利权。如果政府一方面颁发专利，一方面又强迫专利持有者按竞争性价格销售专利产品，使专利权丧失一切价值，那真是荒谬至极。再者，如果政府不赞成卡特尔，那就应该坚决放弃为企业提供建立托拉斯机会的所有管制措施（如进口关税）。

至于不是由政府促成的那些独占价格，情况就不同了。只要有人能根据学理算出在此情况下实际不存在的竞争性市场价格水平，政府规定的最高限价在理论上就可以重新确立竞争性市场环境——这当然是不可能的事。前面已经指出，所有构建非市场价格的企图都是徒劳的。[1]在公用事业服务方面，那些尝试确定公平价格或正确价格的努力，其结果都乏善可陈，这是所有专家都知之甚详的事。

提到这两种例外只是为了说明，为什么在某些罕见的场合，价格上限如果极其审慎地被规定在某一狭窄的范围内，不会缩减相关商品或服务的供给。但是，这并不会影响前述那个一般原则的正确性：与无价格管制相比，价格控制会导致更坏的情况。

浅论古代文明衰落的原因

了解政府干预市场价格的后果，能使我们从经济方面理解

---

[1] 参见第十六章第十五节。

古代文明衰落这类重大历史事件的原因。

罗马帝国的经济组织可否称为资本主义，或许尚无定论。但无论如何，在公元2世纪"好"皇帝安东尼统治下的罗马帝国，社会分工和区间贸易无疑已经达到了很高的程度。好几个大城市中心、为数不少的中型城镇和许多小乡镇，都是某种高度文明的所在地。这些城市居民的食物和原材料供给，不仅来自邻近的农业地区，也来自一些遥远的省份。这些供给的支付，一部分源自拥有地产的城市富人的收入，另一部分是城市居民用自制加工品与农夫交换产品购买的。这个庞大帝国的各个区域存在着广泛的贸易。不仅加工制造业，农业也有进一步专业化的趋势。帝国的各个部分在经济上不再是自给自足的，而是相互依赖的。

导致罗马帝国衰落和罗马文明腐朽的原因是，经济关联网络的崩溃，而不是野蛮民族的入侵，这些外来侵略者只不过是利用了帝国内部衰弱的机会。从军事观点来看，在公元4世纪和5世纪入侵帝国的部落民族，并不比罗马兵团在这之前轻易击败过的那些军队更难对付。但是，帝国已经变了！它的经济和社会结构已经是欧洲中世纪的那种结构了。

罗马帝国准许商业和贸易享有的自由始终是有限的。在谷类和其他生活必需品的销售方面，商贸自由甚至比其他商品更受到限制。在谷类、食用油和葡萄酒等当时大宗消费物资的交易中，商人索要的价格如果高于一般水平，会被视为不公平、不道德，而各个市政当局会很快制止所谓的不当牟利行为。因此，这些商品的批发贸易业发展受阻。政府采取了所谓的粮食配给（annona）政策，把谷类贸易国营化或市营化，其目的是要弥补批发贸易业发展受限所带来的供需缺口。但是，它的效果却并不令人满意。一方面，谷类在城市成为稀缺物品，而另一方面，农夫则抱怨种植谷物无利可图。[1]当局的干预打乱了供给适应需求上升的调整步骤。

摊牌的时刻于公元3世纪和4世纪到来。为了解决政治纷乱，当时的好几任皇帝采取了通货贬值的办法。在最高价格管制下，通货贬值使必要的粮食生产和销售完全瘫痪，从而使整个社会的经济组织分崩离析。当局越是认真执行最高价格管制，那些必须靠购买粮食生活的广大民众越是绝望。谷类和其他生活必需品的买卖完全消失不见。为了避免饿死，人们离开城市，迁居乡村，并且尝试种植谷物，生产食用油、葡萄酒及其他生活必需品。大庄园主缩减过多的谷物生产，并且开始在他们的农舍别墅中制作他们需要的手工艺产品。因为他们的大规模农场经营模式已经因为效率低下的奴隶劳动而陷入困境，现在又没机会按有利可图的价格销售产品，于是完全失去了维持下去的理由。由于庄园主不再能在城市销售他的谷物，也就不再光顾城市里的工匠店铺了。他被迫寻找替代品来满足自己的需要——雇用一些手工艺匠人在他的别墅里制作原本可以从城市里购买的手工艺品。他也结束了大规模的农场经营，变成一个地主，按时从佃农或承租农那里收取地租。这些佃农或承租农，要么就是释放的奴隶，要么就是从城市移居到乡村的无产者。于是便出现了这样一个趋势：每个庄园主都倾向于建立一个自给自足的生产体系。城市的经济功能，即商业、贸易和城市手工制造业萎缩，意大利和其他城市退回到社会分工发展比

---

[1] 参考《罗马帝国的社会和经济史》(*The Social and Economic History of the Roman Empire*)（牛津，1926年），第187页。

较落后的阶段。古代文明高度发展的经济结构退化成那种现在被我们称为中世纪庄园组织的经济结构。

这样的发展逐渐削弱了帝国的财政和军事力量。对此，罗马帝国的历任皇帝感到惊恐，他们也采取了对策，但是没有成效，因为他们没有触及问题的症结。他们所采取的强制和胁迫手段未能扭转社会解体的趋势，而且适得其反。因为该趋势正是由太多的强制和胁迫所导致的。没有哪个罗马人能意识到，这个社会解体的过程是政府干预价格和通货贬值所引发的！历任皇帝都会颁布法令，惩罚"弃城去乡"（relicta civitate rus habitare maluerit）[1]的城市居民，但这根本没有用。那种被称作 leiturgia 的制度，即富有的城市公民必须奉献一定的公共服务，只是在加速社会分工的退步。还有，比起那些旨在阻止城市农产品供给萎缩的谷物交易法律，私有船主（navicularii）必须承担的一些具有特别责任的法律规定对于遏止航运业衰退的成效也并不会更好。

这一灿烂的古代文明之所以沦于消亡，其原因在于它没有调整道德律和法律体系以适应市场经济的要求。如果一个社会秩序正常运作所要求的那些行为不符合道德标准，而且被该国法律宣布为非法，从而遭到法庭和警察机关的起诉和拘捕，那么这种秩序便注定会消亡。罗马帝国之所以解体、粉碎，只是因为它欠缺自由主义和自由企业的精神。干预主义政策和干预主义在政治上的必然结果——领袖原则，瓦解了这个强大的帝国，正如它们也必然会瓦解和摧毁任何社会实体一般。

---

[1] 参见《民法大全》(*Corpus Juris Civilis*) 第一卷，第 37 页。

第三节 最低工资率

干预主义政客特有的"智慧",就是通过政府命令或工会暴行提高劳动价格。他们认为,把各种工资率提高到未受干扰的市场水平之上,是永恒道德律下一个理所当然的要求,而且从经济观点来看,这也是必要的。任何人若是胆敢挑战这个道德的和经济的教条,都应被鄙视为邪恶无知的人。许多人看待那些莽撞到"违反罢工纠察队"的人,宛如原始部落的人看待那些违反禁忌戒律而怀孕的人。如果这些罢工行动的破坏者在罢工者的拳头下得到应有惩罚,而警察机关、检察官和刑事法庭则袖手旁观,保持一种高高在上的中立态度,那么数百万人就会欢腾雀跃。

市场工资率倾向于确立某个水平,在这个水平下,所有渴望赚取工资者都能得到工作,而所有雇主也都能雇到想要的工人。这个工资水平的确立在今天被称作充分就业状态。只要劳动市场既没有政府干预,也没有工会干预,便只有自愿的或交换性的失业。但是,一旦外来压力和强制力(不管是来自政府还是来自工会)尝试把工资率规定在某个较高的水平,制度性失业便会出现。交换性失业在未受干扰的劳动市场里会倾向于消失,而制度性失业,只要政府或工会成功执行了它们发出的命令,就不会消失。如果最低工资率的规定仅涉及一部分职业类别,而劳动市场的其他部门仍然是放任自由的,那么那些因为这种规定而丢掉原来工作的人便会进入自由的劳动市场部门,从而增加这些部门的劳动供给。从前,只有技术劳动才有工会组织,工会所希望达成的工资率并未导致制度性失业,而只是降低了某些劳动部门的工资率。这些部门要么没有工会，要么就是它们的工会不够努力。有工会组织的工人的工资上涨，其必然的结果就是没有工会组织的工人的工资下降。但是，随着政府扩大干预工资和扩大支持工会组织，情况已经改变了。制度性失业已经变成了一个永久性现象。

贝弗里奇勋爵现在狂热地鼓吹政府和工会干预劳动市场，不过，他在1930年曾指出，"高工资政策"导致失业的潜在效果"没被任何权威专家否认"。[1] 事实上，否认这个效果就等于完全不承认市场现象的发生顺序和相互关联性。那些早期同情工会的经济学家知道，只有在少数工人组织工会时，该工会组织才能达到目的。这些经济学家赞成工会作为有利于某个特权劳动贵族阶级集体利益的一个工具，至于该工具对其余赚取工资者有什么影响，他们则不关心。[2] 从来没有人成功地证明，工会组织能改善所有渴望赚取工资者的处境，从而提高所有人的生活水平。

从开始有现代工会运动以来，工会和革命的计划经济者之间便一直存在对立。那些较早成立的英国和美国工会完全专注于争取较高的工资率。他们对社会主义（不管是"乌托邦的"还是"科学的"）心生厌恶。在德国，一直到第一次世界大战爆发前最后的几十年，工会才终于获得胜利。它们实际上使德国社会民主党改变了信仰，并皈依干预主义和工会主义的原则。

---

[1] 参见 W.H. 贝弗里奇（W. H. Beveridge）的《自由社会中的充分就业》(*Full Employment in a Free Society*)（伦敦，1944年）第362—371页。

[2] 参见赫特（Hutt）的《集体谈判理论》(*The Theory of Collective Bargaining*)，第10—21页。

在法国，乔治·索列尔立志给各个工会灌输狠辣攻击和革命好战的精神。今天，在每一个非计划经济国家里，很明显，工会内部有两个不可调和的派系。其中一派认为，工会是在资本主义的框架内改善工人处境的一个工具；另一派则希望驱使工会进入好战的无产阶级队伍——此一派系只在工会作为暴力推翻资本主义制的先锋这个限度内才赞同工会。工会问题一向被伪人道主义的谬论弄得模糊不清。那些主张（不管是通过政府命令还是通过工会暴力）落实最低工资率规定的人士都声称，他们的奋斗是为了改善广大劳动群众的处境。他们不允许任何人质疑他们的信念，即要为所有渴望赚取工资者不断提高工资率，唯一适当的手段就是强制实施最低工资率。他们自诩"劳工""普通人""进步"和永恒的"社会正义"原则唯一的真正朋友，并且因此而自豪。

然而，问题是，除了促使资本相对于人口加速增加以提高劳动边际生产力，是否还有其他办法可以提高所有渴望工作者的生活水平？工会教条主义者下决心要模糊这个基本问题。他们从来不提相关问题的重点所在，即劳工人数和可供使用的资本财数量之间的关系。但是，工会的某些政策说明他们已经默认了交换学关于工资率由什么决定的定理是正确的。每个工会都渴望减少劳动供给。他们都渴望通过反对移民的法律，渴望阻止圈外人和新入者在已成立工会的劳动市场部门竞争，他们也反对资本输出。如果他们认为每个工人可以使用的平均资本数量，对于工资率的决定无足轻重，那么这些渴望就毫无道理可言。

工会教条的精髓体现在"剥削"这句口号中。工会主义的剥削理论认为，劳动是财富的唯一来源，而劳动的付出是唯一真正的成本。公正地说，产品销售的全部收入应该归属于工人。

工人有公平合理的权利主张获得劳动的全部产出。资本主义生产模式对工人阶级犯下的过错就在于允许地主、资本家和企业家扣留工人的一部分产出。这些寄生虫所拿走的那部分产出，是不劳而获的收入，该收入显然是掠夺或窃盗而来的收入。工人的做法是对的，他们争取逐步提高工资，直到最后没有任何剩余去维持一群懒惰的和没有社会用处的剥削者的生存。工人的追求就是在延续从前无数个世代所投入的那场战斗。该战斗在过去解放了奴隶、农奴，也废除了各种为贵族与地主阶级的享受而强迫农民阶级负担的苛捐杂税、什一税和义务劳动。工会运动是为了实现自由和平等的斗争，是以维护不可剥夺的人权为目的的斗争。其获得最终的胜利是无可置疑的，因为历史演进的必然趋势是，扫除一切阶级特权，稳固建立自由平等的国度，而反动的雇主试图中止历史进步是注定要失败的。

以上这些就是当今的一些学说。没错，有些人虽然完全同意这个学说，但是，对于激进派人士根据该学说所推衍出来的一些实务方面的结论，他们只给予有条件的保留性支持。这些温和派人士不赞成完全废除"管理阶层"所分得的一部分社会产出。如果能把这一份产出仅削减至某一"公平的"数额，他们会觉得更满意。关于企业家和资本家的收入多少才算公平，他们的意见差异很大，所以，温和派的观点和激进派的差异其实不怎么重要。温和派也赞同实际工资率应该不断上升（绝不允许下降）的原则。工会的主张是：无论何时，赚取工资者的实际工资都应该比生活费用上升得更快。在两次世界大战期间，美国很少有人对此提出质疑。

所有这些满腔激情的论述，都没考虑真正重要的问题，即都没考虑经济方面的问题。他们对把工资率提高到未受干扰的市场水平之上所导致的不可避免的制度性失业后果毫不在意。

从工会的教条来看，部分或全部没收资本家和企业家的特定收入，不会有什么害处。在处理这个问题时，他们所谓的"利润"，与古典经济学家使用这个术语的意思相同。他们不区分企业家利润、企业所使用的资本利息和企业家所提供的一些技术性服务的酬劳。我们稍后将处理没收利息和利润将导致的后果，以及"支付能力"原则和利润分享方案所涉及的工团主义元素。[1]我们已经检讨过购买力理论，有些人根据这个错误的观点，主张通过政策将工资率提高至潜在的市场工资率之上，以利于生产扩张。[2]剩下来有待检讨的是所谓的李嘉图效应的含义。

李嘉图是我们要讨论的这个命题的提出者，即工资上涨将鼓励资本家以机器代替劳动，反之亦然。[3]所以，工会的辩护人推断说，不管工资率在未受干扰的劳动市场上是多少，强制提高工资率的政策总是有益的。提高工资率可以引发技术进步，进而提升劳动生产力。付出较高工资总是会带来等价回报。当工会强迫不情愿的雇主提高工资率的时候，工会就是进步和繁荣的先锋。

许多经济学家赞同李嘉图提出的命题，但是，他们当中很少有人能思想一致地支持工会的辩护者从该命题所得出的推断。李嘉图效应只不过是"流行"经济学的惯用说辞罢了，但其中

---

[1] 参见第三十二和第三十三章。

[2] 参见第十五章第九节附录。

[3] 参见李嘉图，《政治经济学与税收原理》(*Principles of Political Economy and Taxation*)，第一章，第五节。哈耶克在《利润、利息和投资》(*Profits, Interest and Investment*)(伦敦，1939年)一书中(第8页)使用了"李嘉图效应"一词。

的理论却是最恶劣的经济学谬论之一。

概念的混淆是从"以机器代替劳动"这句话遭到误解开始的。事实上，机器使劳动变得更有效率：同样的劳动投入，生产出了数量更多或质量更好的产品。机器的使用，不会直接导致生产产品 A 的工人数量减少。引起这个间接后果的原因是，在其他条件相同的情况下，A 的供给数量增加，从而使每单位 A 的边际效用相对于其他产品每单位的边际效用下降，所以，劳工会撤出 A 的生产过程，转而生产其他产品。A 的技术进步，使得某些过去不能实现的生产计划现在得以实现。A 产业的劳工人数之所以减少，是因为其他产业现在有了扩张的机会，并增加了对劳工的需求。顺便提一下，这个见解推翻了所有关于"技术性失业"的无用之论。

工具和机器不是节省劳动的方法，而是增加每单位投入产出的手段。从个别产业观点来看，它们好像是节省劳动的方法。然而，从消费者和整个社会的观点来看，它们其实是提高劳动生产力的工具。它们增加产品供给，使人们得以消费更多的物质类财货，并享受更多闲暇时光。哪些财货将会消费得更多，以及人们希望增加享受闲暇时光到什么程度，取决于人们的价值判断。

只有在所需资本财范围内，人们才能使用更多、更好的工具。储蓄，即多于消费的生产剩余，是每一个技术进步不可或缺的条件。如果欠缺所需的资本财，光有科技知识是没用的。中国商人熟悉美国的生产方式，但是阻止中国商人采用美国那些生产方法的原因，不是中国人的工资低，而是他们欠缺资本。

资本家的储蓄必然导致他们使用更多工具和机器。在市场经济中，单纯的储蓄，即积累消费财以备不时之需，所扮演的角色是无足轻重的。在资本主义市场，储蓄通常指的是资本家的储蓄。多于消费的那部分生产，要么直接投资在储蓄者本人的企业或农场中，要么通过储蓄存款、普通股和优先股股票、各种公司债券和抵押债权等金融工具间接地投资在他人的企业中。[1]只要人们将消费保持在他们的净收入之下，便会有更多资本被创造出来，以购买生产组织所使用的资本设备。正如前面已经指出的，这个结果不受任何现金余额增加的趋势影响。[2]一方面，若要使用更多、更好的生产工具，就需要积累更多的资本；另一方面，新增的资本除了用来提供更多、更好的生产工具，也没有其他用途。

李嘉图的命题和从它推衍出来的那个工会教条，把事情弄得颠三倒四。工资的上升不是生产技术进步的原因，而是生产技术进步的结果。追求利润的企业不得不使用最有效率的生产方法。唯一能阻止商人努力改善他的企业设备的因素是欠缺资本，如果得不到必要的资本，干涉工资率将无济于事。

在机器的利用方面，最低工资率的政策所能实现的，只是把新增投资从某一产业部门移转至另一个部门。让我们假设，在某一经济落后国家R国，码头装卸行业的工会成功迫使企业家支付比该国其他产业相对高很多的工资。那么，新增资本最有利可图的去处便是利用机械装置为船只装卸货物。但是，这些新增资本是从R国的一些其他产业部门挪过来的。倘若没有码头工会的政策，投入资本的那些产业将比较有利可图。于是，码头

---

[1] 由于这里仅处理未受干扰的市场经济情况，因此我们可以忽略政府借款所引起的资本消费效果。

[2] 参见第十八章第九节。

装卸工人工资提高的结果不是 R 国总产出增加，而是减少。[1]

在其他条件相同的情况下，实际工资率上升不可能超过资本增加容许的程度。如果政府或工会成功地执行了高于未受干扰的劳动市场所决定的工资率，劳动供给便会超过劳动需求，制度性失业就会出现。

为了压制干预措施所造成的这个不受欢迎的后果，许多坚持干预主义原则的政府采取了那些在今天被称作"充分就业政策"的各种措施：失业救济金、劳资争议仲裁、大肆扩编公共支出、通货膨胀和以信用扩张进行公共工程建设。所有这些补救措施都会产生比它们想要消除的弊病更糟糕的弊病。

给予失业者救济金不会解决失业问题，反而会让失业者更倾向于保持失业状态。失业救济金越接近未受干扰的市场所决定的工资率水平，失业救济金的受益者就越缺乏去寻找新的工作机会的诱因。它是一个使失业状态持续，而不是使失业状态消失的办法。再者，失业救济金所表现出的财政方面的灾难性后果也是显而易见的。

仲裁不是解决工资率争议的一个适当方法。如果仲裁机关裁定的工资率恰恰等于或低于潜在的市场工资率，那么它的裁定就是多余的。如果它规定的工资率高于潜在的市场工资率，那么其后果和其他将最低工资率规定在市场工资率之上的方式所引起的后果就没什么两样，即都会引起制度性失业。仲裁者以什么借口为他的裁定辩护是无关紧要的，重要的不是规定的工资根据某个标准是否"公平"，而是规定的工资是否会导致劳

---

[1] 这只是一个假设，因为这样一个强大的工会很可能禁止码头使用机械装置来装卸货物，以便"创造更多工作机会"。

动供给超过劳动需求。对某些人来说，将工资率规定在某个让大部分潜在劳动人口注定长期失业的水平也许是公平的，但是，谁也不能说这种情况对社会是有益的。

如果政府支出所需的资金来自民众的税收或民众的借款，那么民众支出和投资力度缩减的程度便和财政支出扩张的程度一样，不会创造更多的工作机会。

但是，如果政府以通货膨胀增加货币数量和信用扩张，来支持它的支出计划，那么便会造成由现金引起的商品与服务价格的全面上涨。如果在通货膨胀的过程中，工资率上升的幅度小于商品价格上升的幅度，制度性失业便可能缩小或完全消失。但是，使失业现象缩小或消失的原因，正是实际工资率的下降。凯恩斯认为，信用扩张是消除失业的一个有效方法。他认为，"实际工资率因商品价格上升而逐渐自动降低"到被劳工抗拒的程度，不像任何试图降低货币工资率的提议会遇到的抗拒那样激烈。[1]然而，这样一个狡诈的计谋若要取得成功，赚取工资者本身便需要无知和愚蠢到一个无法想象的程度。只要工人相信最低工资率对他们是有利的，他们就不容许自己被这样的诡计愚弄。

实际上，所有这些所谓的充分就业政策的手段，终将导致德国式社会主义的最终确立。因为雇主和工会双方各自委任的仲裁成员，对于所有工资率是否公平绝不会有一致的意见，所

---

[1] 参见凯恩斯的《就业、利息和货币通论》第264页。关于这一观点的批判性研究，见阿尔伯特·哈恩（Albert Hahn）的《赤字支出与私营企业》（"Deficit Spending and Private Enterprise"），《战后调整公告》（*Postwar Readjustments Bulletin*）第8期，美国。美国商会（*Chamber of Commerce*），第28—29页。关于30年代凯恩斯主义战略的成功，参见下文，第786—787页。

以，裁定的权力实际落在了政府委任的成员身上。有权力决定工资率高低的其实是政府。

公共工程越是扩张，政府承办的事项越多，那么那种为了填补"私人企业没有能力提供全民工作机会"所导致的缺口——私人企业的活动范围，便会越小。于是，我们再度面临选择资本主义还是别的主义的问题。所以绝不可能存在什么持久的最低工资率政策。

从交换学观点看工会运动

关于工会，交换学提出的唯一问题是：使用压迫和强制，是否能把所有渴望赚取工资者的工资率提高至未受干扰的市场所决定的工资水平之上呢？

几乎在所有国家，工会已经实际取得了暴力行动的特权。暴力胁迫和强制原本是属于政府的独占权力，各国政府为了讨好工会，放弃了对这一特权的独占。当然，除非自卫，法律上禁止任何人采取暴力行为，否则将以刑事犯罪论处，这种特权独占在法律形式上并未被废除或修改。然而，实际上，在很大的范围内，工会暴行是被容忍的。工会实际上可以使用暴力阻止任何人挑战工会关于工资率和其他劳动条件的命令。工会可以任意伤害罢工行动的破坏者以及雇佣破坏者的企业家和企业家的受托人，而不受惩罚。工会可以随意损害这些企业家的财产，甚至可以伤害那些光顾他们商店的消费者。在舆论的支持下，有关当局会宽恕这种行为：警察机关不制止这种伤害，国家检察官不告发它们，刑事法庭就没有机会对其审判。针对一些具体的事件，由于暴力行为很严重，当局会拖拖拉拉、畏畏缩缩地尝试压制和阻止。但是，这些尝试通常会失败。它们之所以失败，有时候是因为官僚机构的效率低下，有时候是由于当局的措施不当，但更多的却是因为整个统治机构不愿意制止工会的暴力。

这就是所有非计划经济国家长久以来的情况。在讲述这些事实时，经济学家既不责怪谁，也不指控什么。他只解释是什么样的条件让工会有权力执行它们所要求的最低工资率，以及解释所谓集体议价的真正意义。

所谓集体议价，按照工会鼓吹者的解释，只表示以工会议价取代每个工人的个别议价。在已得到充分发展的市场经济里，有些种类的商品与服务具有可替代性（fungibility），而且时常有大量的个别商品或服务的买卖活动。它们的议价方式和买卖不可替代的商品与服务时所采取的议价方式不同。对于具有可替代性的商品与服务，买者或卖者会先试探性地规定一个价格，然后根据感兴趣的人对该价格提议的反应，不断调整价格，直到他能买到或卖出他的预期数量。就技术层面来看，也没有其他可行的议价程序。百货公司不可能和顾客当面讨价还价，它只能给某一类商品规定价格，然后等待。如果民众没有买走足够多的数量，百货公司便降低价格。一个需要500个焊接工的工厂，雇主规定了可望雇到500个焊接工的工资率。如果只有少数工人应聘，雇主便不得不考虑规定另一个较高的工资率。每一个雇主都必须把他自己开出的工资率提高到某个水平，以使其他竞争者不可能以更高的价格雇用他想雇用的工人。当工人想把工资率提高到前述水平之上时，不会有其他一些对劳动需求够大又足以吸纳全部劳动供给的雇主出现——这正是使最低工资率无效的原因。

如果工会真的是议价代理人，工会的集体议价便不该把工资率提高到未受干扰的市场水平之上。只要还有失业的工人等待被雇用，雇主便没有理由提高价格。就交换学观点而言，真正的集体议价和个别议价没有什么不同。真正的集体议价将像个别议价那样，会让那些还没找到心目中理想工作的人有机会表达他们的愿望。

然而，在工会领袖口中，所谓的"同情劳工"的立法被美其名曰为集体议价的程序，但其程序和真正的集体议价性质大不相同。它是"枪口下的议价"，是有武装的一方随时准备使用它的武器，威胁逼迫没武装的另一方议价。这种议价不是市场交易，它是一道强迫雇主接受的命令。它的效果和政府以警察权和刑事法庭执行的那些命令没有什么两样，它会导致制度性失业。

舆论和数量庞大的伪经济学文章对于相关问题的讨论完全是误导性的。问题的症结不是集会结社的权利，而是私人社团是否该享有特权，是否可以采取暴力行为而不受惩罚，这是和如何处理三K党的活动相同的问题。

而且以"罢工权"的观点看待这个问题也是不正确的，问题的关键不是有没有权利罢工，而是有没有权利以恫吓或暴力方式逼迫他人罢工，以及有没有权利进一步阻止任何人进入被罢工的工厂工作。如果工会援引罢工权为这种恫吓和暴行辩护，那么它不比宗教团体援引良心自由为迫害异教徒辩护更有理有据。

过去某些国家在法律上是不准雇员组织工会的，这些国家当时的主要顾虑是：除了诉诸暴力行为和恫吓，这种工会没有其他目的。以前，当局在动用武装力量保护雇主、雇主的受托人和他们的财产免于罢工者的攻击时,当局不是犯了什么敌视"劳工"的罪行,而只是在做每个政府都认为是其主要职责的事情——努力维护政府独占暴力权。

经济学无须详细讨论司法权罢工及其相关的法律问题,尤其是既公开承认对雇主不公平,同时又赋予工会特权地位的美国新政问题。对经济学来说,真正重要的只有一点:如果因政府命令或工会施压而强制将工资率规定在潜在的市场工资率之上,就会出现制度性失业。

第三十一章　通货与信用操纵

第一节　政府和通货

　　交换媒介和货币是一种市场现象。某个东西之所以成为交换媒介或货币，完全是因为市场交易各方的一致使用。偶尔会出现某个场合需要有关当局处理货币的问题，就像偶尔会出现某个场合需要有关当局过问其他交换标的问题那样。譬如，有关当局可能接受一方请求，判断某个交易行为中的另一方是否未履行契约责任，是否需要动用政府的暴力机构强制该方履约。如果交易双方都如期履行了彼此的责任，那么通常不会发生什么利益冲突，也不会引发交易的一方向司法机关投诉、求助。但是，如果交易的一方或双方未能如期履约，就会出现求助法庭判定契约条款该怎样履行的情形。如果这涉及某笔金额的支付，就表明法庭必须判定究竟该赋予契约所使用的一些货币名称什么意义。

于是，契约双方在讲到一笔金额时，究竟想表达什么意思，以及这样一笔金额的支付责任究竟该怎样按照契约条款承担，这些问题便被移交给法庭，由其根据法律判定。有关当局必须判定：什么是以及什么不是具有合法偿付效力的货币（法偿货币）。在处理这个任务时，法律和法庭不是在创造货币。某样东西之所以变成货币，只是因为人们在交换商品与服务时，通常将该东西作为交换媒介。在未受干扰的市场经济里，当法律和法官认为某样东西是法偿货币时，这只是在确认：按照商业惯例，契约双方在交易中提到的某种货币该指涉什么东西。有关当局解释该商业用语的方式和它接受请求去决定契约中出现的其他名称究竟指涉什么时所采取的应对方式是一样的。

长期以来，铸造钱币一直是国家统治者的一项特权。然而，起初这项政府特权除了标记和证明钱币的度量衡，并没有其他目的。人们认为，在一块金属上印上象征当局的标记，只是在证明该金属的重量和成色。后来，许多君主保留钱币原来的外观和名称，而以一些比较卑贱的金属取代一部分贵金属。他们知道这是一种欺诈勾当，就是想要欺骗民众。当民众发现这些欺诈伎俩后，这些质量变差的钱币相对于原来质量较好的钱币，便立即被民众按某一打过折扣的价格处理。而政府的应对措施是动用强制和胁迫的权利：政府宣称，在买卖和在结清延期付款时，区别"良币"和"劣币"是非法的。与此同时，政府还规定了交易中以"劣币"计价标准的最高价格。然而，其结果却不是政府想要的。政府的命令并未中断商品价格（以质量变差的钱币计价）适应实际货币供需状态的调整过程。此外，还出现了格雷欣法则所描述的那些效果。

然而，政府干预通货的历史记录，并非只是钱币的不断贬值，以及政府为了规避钱币劣质化的市场后果而采取的诸多无效尝试。历史上，有些政府并未把铸造钱币的特权视为欺诈手段去欺骗忠诚的民众而部分民众则相信统治者诚实正直，也愿意按面值接受质量变差的钱币。这些政府认为，铸造钱币不是财政收益的一个秘密来源，而是一项公共服务，旨在保护市场的顺畅运作。但是，即使是这些立意良善的政府，由于对通货的无知或一知半解，也时常采取一些等同于干预价格结构的措施——尽管这些措施的本意并非如此。由于金、银两种贵金属被一起当作货币使用，一些当局就天真地以为，统一这两种通货是它们的任务，于是便规定了一个固定的金银交换比率。结果证明，金银双本位制彻底失败了。它其实不是一个双本位制，而是金银交替的单一本位制。和金银之间起伏不定的某一瞬间的市场交换率相比，法定交换率被高估的那种金属便成为国内的主要通货，而另一种金属货币则在国内绝迹。最后，所有政府都会放弃那些无效的尝试，不得不接受单一本位制。目前，美国政府的白银购买政策，严格来说并不是货币政策的一个手段，而是提高白银价格的一个手段，受益者是银矿主、银矿雇员和银矿所在地的那些州政府。它几乎是一项毫无掩饰的补贴政策。它和货币的关系，仅在于购买白银的资金来自额外增发的美元纸钞，这些纸钞基本上具有联邦储备银行的美钞那样的法偿货币性质，尽管它们印上了没有任何实际意义的"白银券"字样。

不过，经济史上也有一些政府曾精心设计又很成功的货币政策。这些货币政策的唯一目的是使本国具备一套运作顺畅的通货制度。自由主义者并未主张废除传统的政府铸币特权，但是，在自由主义政府的手中，国家所拥有的这项独占权的性质却完全改变了。自由主义政府不认为该项权利是干预主义政策的一个工具，不再将该独占权用作财政手段，也不再用来惠及某一群人并牺牲另一群人的利益。政府的货币政策只有一个目的：确保已被民众视为货币的那种交换媒介的使用更方便、更简单。自由主义者认为，国家的通货制度应该是健全的。这里的"健全"指的是，标准货币是具有无限法偿效力的货币，或者法偿货币应该由经过适当分析验证并且有适当标记的金银条块铸成的，而钱币的式样也应该让人们很容易发现经手的钱币是否有剪损、磨损或伪造等情形。钱币上的政府标记，除了证明钱币所含的金属重量和成色，并不具有其他作用。那些因破损或其他原因，以致重量减轻超过严格的公认范围的钱币，将丧失它们的法律偿付效力或法偿货币资格。政府必须主动从市面上收回这些流通中的钱币，然后重新铸造。一枚外观并未毁损的钱币，收受者无须借助磅秤和熔炉，便可知道它的重量和成分。与此同时，人们也有权利携带金银条块到政府的铸币厂，把金银条块转换成标准钱币。这种事情，要么是免费的，要么必须支付一笔通常不超过实际铸造费用的铸币税。于是，一些国家的通货变成了真正的金币。国内法偿货币和采取同样货币原则的其他所有国家货币之间的汇率的稳定性就这样实现了。国际金本位制在没有政府之间的协议和机构的操作下诞生了。

在许多国家，金本位制的出现是格雷欣法则作用的结果。在英国，货币政策在这个过程中所扮演的角色只在于确认格雷欣法则运行所造成的结果。货币政策把事实的存在变为合法的存在。在其他一些国家，就在金银之间的市场交换率即将导致实际的银币本位制取代当时实际通行的金币本位制时，政府故意抛弃了双本位制。就这些国家来说，除了颁布认可金本位制实际状态的法律，金本位制的正式实行不需要行政和立法部门另外做些什么。

至于那些想要以金本位制取代不管是"事实的"还是"法理的"银币本位制或纸币本位制的国家，情况就不同了。当德意志帝国于19世纪70年代想采取金本位制时，该国通行的货币是白银。它不能简单地模仿那些只要通过法律认可其事实状态便可确立金本位制的国家，因为单凭法律宣示是不可能实现它的计划的。它必须拿金币交换民众手中的银本位币。这是一个费时和复杂的金融操作，政府需要大量购买黄金并出售白银。至于那些想要以金币取代信用货币或不可兑换币（fiat money）的国家，情况类似前述的德意志帝国。

认识这些事实是很重要的，因为它们说明了自由主义时代流行的情况和目前这个干预主义时代流行情况之间的差异。

第二节　法偿货币立法的干预作用

最简单和最古老的货币干预行为是，为了减轻债务而降低钱币的质量或减少钱币的重量及其大小。政府为这种廉价钱币赋予了完整的法偿货币效力。所有延期付款责任都能合法使用廉价钱币——按照它们的面值偿付。由此，债务人受惠，而债权人遭殃。但与此同时，在未来的信用交易中，新举债者的负担将变得比较沉重。这是因为，信用交易双方会把这种减债风险纳入考量，于是市场毛利率倾向于上升。虽然减轻债务对那些已经负债者的处境有改善作用，然而对那些渴望或必须举借新债者的处境却是有害的。

减轻债务的相反类型——通过货币措施加重债务，也曾被实施，不过很少见。而且它从来就不是一种牺牲债务人的利益而使债权人受惠的手段。当它发生的时候，它总是作为一个非故意的行为，由某个基于其他目的考虑而不得不实施的币制变革附带引起的。在实行这些货币变革时，政府容忍它们对延期付款契约产生影响。这可能是因为政府认为这些币制变革是不可避免的，或者政府认为债权人和债务人在议定借贷契约条款时，已经预见到了这些变革，并且已经做了适当的考虑。这方面最好的例子是，英国在拿破仑战争后以及在第一次世界大战后的货币变革。在这两次事例中，英国都在战争结束后不久，通过通货紧缩政策恢复了战前英镑自由兑换黄金的平价。虽然有人提议，在安排金本位制取代战时的信用货币本位制一事上，英国政府应该默认市场上英镑和黄金之间已经发生的交换率变化，并称之为新平价，恢复英镑和黄金的自由兑换。但是，这个提议遭到了拒绝。人们鄙视该提议，认为只要这些债权人手上的债权是在英格兰银行暂停钞票无条件兑换黄金之前产生的，那么该提议就等于国家破产，等于政府拒绝偿还一部分公债，等于对某些债权人利益的蓄意侵害。英国人当时囿于妄想而不自知，误以为通货膨胀所造成的诸多罪孽可以用后来的通货紧缩加以消除。然而，只要债务人已经在货币贬值期间还掉他的旧债，恢复战前的黄金平价，就不可能补偿债权人已经蒙受的损失。此外，它对所有那些在货币贬值期间贷出货币者是一个恩赐，而对所有借钱者则是一大打击。但是，为通货紧缩政策负责的那些政治家不知道他们的决策有什么含义。他们看不出会有什么他们不乐于见到的后果出现，而且就算他们看出这些后果，也不知道该如何避免它们。他们的政策实际上惠及债权人，但牺牲了债务人的利益，尤其是惠及公债持有者而牺牲了纳税人的利益。它加重了19世纪20年代英国农业的困顿及一百年后英国出口贸易的窘境。但是，如果称英国的这两次货币变革是以加重债务负担为目的而刻意实行的干预举措，那就错了。加重债务负担只是一个有其他目的的政策所产生的副作用罢了。

每当政府想要实行债务贬值措施时，它们总会声明，将来绝不会故伎重演。它们会强调，造成当下这种紧急情况及应对的特殊条件在将来绝不会再现，因此不会再求助于在其他情况下该受谴责的有害手段了。它们宣称，只此一次，下不为例。债务贬值的倡议者和支持者不得不做出这种承诺的原因我们很容易理解：因为取消债权人部分或全部清偿权利的做法，一旦变成经常性的政策，市场上贷出货币的行为将完全终止。延期付款合约的议定，需要基于借贷双方对政府不会采取这种取消债权的政策预期。

所以，持续性的社会经济组织体系绝不允许把债务贬值当作正常制度的可替代政策手段。它绝不是一个建设性的政策工具，而是一颗破坏力极强的炸弹，除了破坏，没有其他作用。如果只使用一次，那么它所破坏的信用体系仍然有重建的可能，但是，如果这种打击一再重复，全面性的毁灭便指日可待。

只从影响延期付款的角度来看待通货膨胀与通货紧缩是不正确的。前面已经指出，现金引起的货币购买力变动，不会在同一时间按同一程度影响所有商品与服务的价格，并且也说明了这种不一致的影响会产生其他市场效应。[1]即使政府想将通货膨胀与通货紧缩视为重新安排债权人与债务人关系的手段，那也不能忽视这一点：这种手段只会造成非常不完美的后果，而且还会附带出现一些让政府非常不满意的后果。通货膨胀或通货紧缩和其他每一种对价格结构的干预一样，其结果不仅和干预要达到的目的相反，而且还会产生让政府觉得比未受干扰的市场情况更糟糕的情况。

就通货膨胀"以牺牲债权人而让债务人得利"这个目的而言，政府只会在先前已议定的延期付款合约上获得成功，而不会使举借新债变得更容易。相反，通货膨胀会导致正价格溢价的出现，从而使新的贷款变得更贵。如果把通货膨胀硬推到底，人们势必会停止以通货膨胀发生后的货币去议定任何延期付款契约。

第三节　现代通货操纵方法的演变

金属通货不受政府操纵。政府当然有权力颁布法偿货币法，但是格雷欣法则运行所造成的结果很可能使政府达不到它想要的目的。从这个观点来看，对于所有企图以货币政策干预市场现象的尝试，金属本位币显然是一个障碍。

检视政府操纵国家货币体系权力的历史演变过程，首先必须提到古典经济学家最严重的一个缺点。亚当·斯密和李嘉图

---

[1] 参见第十七章第五节。

都把维持金属货币本位所涉及的成本视为一种浪费。在他们看来，若以纸币取代金属货币，则那些生产金银货币的资本与劳动，便可以用来生产一些能够直接满足人们需求的财货。从这个预设立场出发，李嘉图详细地讲述了他那篇首次发表于1816年的著名文章——《经济和货币安全提案》("Proposals for an Economical and Secure Currency")。李嘉图的这个计划起初被人遗忘，直到他辞世数十年后，才有几个国家在金汇兑本位制的名义下采纳该计划的一些基本原则，它们说是为了减少当今被公开诋毁为"古典的"或"正统的"金本位制运行所导致的浪费。

在古典金本位制下，人们的现金握存有一部分是金币。在金汇兑本位制下，人们的现金握存完全是货币替代物。这些货币替代物可以按法定平价兑换成实施金本位制或金汇兑本位制的那些国家的黄金或外汇。但是，货币制度和银行制度的制定，旨在防止国内民众从中央银行取回黄金以作为现金握存。黄金或外汇兑换的首要目的是确保汇率稳定。

在处理金汇兑本位制的问题时，所有经济学家（包括本书作者）在过去并未意识到，金汇兑本位制事实上让政府拥有了轻易操纵国家通货的权力。经济学家轻率地假设，没有哪一个文明国家的政府，会故意把金汇兑本位制当作通货膨胀政策的一个工具使用。当然，我们也不该过分夸大金汇兑本位制在过去数十年的通货膨胀中所扮演的角色，因为罪魁祸首其实是赞成通货膨胀的意识形态，而金汇兑本位制只是实现通货膨胀计划的一个便利工具。即使金汇兑本位制不存在，也无碍于通货膨胀措施的实行。美国在1931年大致上仍然是一个金本位制国家，这个事实并未阻挠美国新政的通货膨胀主义。美国当时找理由没收了所有美国公民持有的黄金，并一举废除了古典金本位制，同时使美元对黄金贬值。

在第一次和第二次世界大战期间发展起来的新金汇兑本位制可以被称为有弹性的金汇兑本位制，或被简称为"弹性本位制"。在这种制度下，中央银行或外汇平准基金（不管什么名称的政府机构）可以自由地卖出一些作为本国法偿货币的货币替代物，以买进黄金或外汇，也同样可以自由地卖出黄金或外汇，以买进那些货币替代物。这些货币买卖成交的交换率并非固定不变的，而是可变动的。人们说，本国货币的平价是有弹性的，然而，这个弹性实际上是一种永远向下的弹性。如果某一国通货的黄金平价并未下降，有关当局便会使用自由裁量权降低本国通货以黄金计价的平价，同时也降低本国通货以他国通货计价的平价，而从未尝试提高本国通货的黄金平价。当本国通货对某个外国通货的平价提高时，这种变动只是该外国通货（对黄金或对黄金平价保持不变的其他外国通货）的平价出现下降的结果。提高本国通货对该外国通货平价的目的，只是为了使该外国通货的估价与黄金以及其他外国通货的估价相吻合（这里所谓的估价是指按本国通货表示的估价）。

如果某国货币平价向下跌落得非常明显，那么这种跌落就被称为贬值。如果平价变化不是那么大，金融报道的编辑便会这么描述它：相关通货的国际估价走势疲软。[1] 在这两种场合，人们在提到平价向下变动时，通常会说有关国家已经提高了黄金的价格。

---

[1] 参见第十七章第十六节。

交换学观点对弹性本位制的描述，绝不可以和法律观点对该制度的描述混为一谈。弹性本位制的交换学意义不受本位制所涉及的宪政体制的影响。改变平价的权力，属于政府的立法部门还是属于行政部门是无关紧要的。行政部门获得的授权是无限的，还是像美国在新政立法下那样有一个限度（过了这一限度，行政官员便无权决定进一步贬值）也是无关紧要的。就相关问题的经济方面来说，唯一重要的是：弹性平价原则已经取代了固定平价原则。不管宪政体制是怎么规定的，如果公众舆论反对这种价格操纵，那么没有哪一个政府能着手"提高黄金价格"。反过来说，如果公众舆论赞成这种操纵，那么没有什么法律程序或技术方面的障碍，能完全制止这种操纵，哪怕暂时的制止也是不可能的。1931年在英国，1933年在美国，以及1936年在法国和瑞士发生的那些事情，如果公众舆论赞同关于通货贬值的权宜之计和所谓专家的必要性意见，代议制政府这台机器就能够以最快的速度工作。

通货贬值，不管幅度大小，其主要目的是重新安排对外贸易，这一点将在下一节加以说明。通货贬值对国际贸易的影响，使小国不可能无视与其贸易关系最密切的国家的行动，而在通货操纵方面自行其道。于是，这样的一些小国不得不追随外国的货币政策。就货币政策而言，它们自愿成为某一强大国家的附庸。这些小国通过把本国通货对某一"货币宗主国"通货的平价固定在某一水平上，追随该"货币宗主国"对通货平价所做的任何变动。如果"货币宗主国"下调通货对黄金和其他国家通货的平价，那么附庸小国的通货也必然按比例跟着下调。也就是说，它们加入了某一货币联盟，把它们融入某个货币区域。最出名的货币联盟，是英镑联盟或英镑区域。

有些国家的政府仅宣告该国通货对黄金和外汇的官方平价，却并未使该平价成为一个有效的平价，这种情况绝不可和弹性本位制相混淆。弹性本位制的特征在于，任何数量的国内货币替代物实际上能按官方平价换成黄金或外汇，反之亦然。中央银行（或受托负责此一任务的政府机构，不管其名称是什么）至少选定某个实施金本位制或金汇兑本位制国家的通货，并按官方平价自由地买进和卖出任何数量的本国通货和任何数量的外国通货。国内银行发行的钞票实际上是可赎回的，即可兑换成黄金或等价的外汇。

如果欠缺弹性本位制这个必要的特征，那么固定平价的政府命令就会有完全不同的意义，其所引起的效果也会很不一样。[1]

第四节　通货贬值的目的

弹性本位制是一个方便策划通货膨胀的工具。采纳弹性本位制的唯一理由就是，使有关当局一再推行的通货膨胀行为，在技术程序上尽可能简单。

在1929年结束的那一段经济暴涨期，几乎所有国家的工会都已成功达成高于市场仅遭到移民障碍干扰时会决定的工资率。这些工资率已经在许多国家造成了大量的制度性失业，尽管信用扩张的步伐仍然在加快进行中。当最后不可避免的经济衰退来临且商品价格开始下跌时，获得各国政府（甚至包括那些被

---

[1] 参见本章第六节。

毁谤为反劳工的政府）坚定支持的工会，还在顽固地坚持高工资政策。它们要么断然拒绝削减名义工资率，要么只容许不够充分的削减。结果是，制度性失业大大增加（而那些仍保有工作的工人则改善了生活水平，因为他们的实际工资率上升了）。失业救济金的负担已变得难以承受，数百万失业者对国内和平是一个严重威胁。工业国家被革命阴影笼罩，但是，各个工会领袖相当倔强，因而没有哪一个政治家有勇气公然挑战他们。

在这个困境中，惊慌失措的统治者想起通货膨胀教条主义者早就推荐过的一个应急办法。由于工会反对调整工资去适应货币关系和商品价格，他们便选择调整货币关系和商品价格去适应工资率。在他们看来，问题不在于工资率太高，问题在于，本国货币相对于黄金和外汇的价格被高估了，必须重新调整，而通货贬值成了万灵丹。

通货贬值的目的是：

（1）维持名义工资率的水平，甚至创造出它们必须进一步提高的条件，但实际工资率反而下降了。

（2）使商品价格，尤其是农产品价格在以本国货币计价时上涨，至少遏止其进一步下跌。

（3）牺牲债权人的利益，让债务人获益。

（4）鼓励出口，减少进口。

（5）吸引更多的外国观光客，同时让本国公民到外国旅游时变得更贵（以本国货币计算旅费）。

然而，不管是政府，还是善于玩弄文字的政府政策的辩护者，都未坦率地公开承认，通货贬值的一个主要目的就是降低实际工资率。他们倾向于把贬值的目标描述为消除国内与国际价格水平之间的"基本不均衡"。他们还提到了降低国内生产成本的必要性。但是，他们小心翼翼地不敢提及希望通过通货贬值降低实际工资率和已经议定的长期企业贷款的利息与本金这一意图。

那些支持通货贬值的论点经不起认真推敲，它们是自相矛盾的。因为通货贬值不是冷静地权衡利弊得失后才提出来的一个政策，而是政府对工会领袖的妥协，只因这些工会领袖不想失去尊严，不想承认他们的工资政策已经失败且已经出现规模空前的大量制度性失业。通货贬值是软弱和笨拙的政客希望继续把持权力地位所采取的一个不顾人们死活的应急手段。这些群众煽动家和政客在为政策辩护时，是不会考虑什么矛盾的。他们对加工制造业者和农夫承诺，通货贬值将使产品价格上涨，但同时，他们又对消费者承诺，严格的物价管制将阻止生活成本的增加。

归根结底，政府还能为它们的行径辩解开脱，还能辩称在工会教条谬论完全左右舆论的情况下，它们不可能采取其他政策。然而，这样的辩解是不可能为某些撰述者开脱的，这些人颂扬弹性外汇汇率制是最完美和最令人满意的货币制度。当政府还急着强调通货贬值是一个绝不会一再重复的紧急措施时，这些撰述者宣称弹性本位制是最适当的货币制度，而且还急切地希望证明，外汇汇率稳定本身有一些弊端。他们盲目热衷于取悦政府，取悦工会和农会这些强大的压力团体，以致极端夸大弹性汇兑平价的优点。但是，弹性本位制的缺点很快就变得显而易见，崇尚通货贬值的热情很快就消失了。第二次世界大战期间，距离英国确立弹性本位制模式还未满十年，就连凯恩斯和他的众位高徒也发现，外汇汇率稳定有一些优点。稳定外汇汇率是国际货币基金公开声明要实现的一个目标。

如果不是以政府和工会政策辩解者的立场，而是以经济学家的眼光审视通货贬值政策，那么我们首先就必须强调，他们所说的所有通货贬值的好处都只是暂时的。此外，这些所谓的好处有一个先决条件：只有一个国家贬值，其他国家都放弃贬低它们自己的通货汇兑平价。如果其他国家按同一比例贬值，国际贸易便不会出现任何变动。如果其他国家贬值的幅度更大，所有这些暂时的好处（不管所谓的好处是什么）便全归其他国家获得。因此，弹性本位制的原则获得各国普遍采纳的结果将是各国竞相比赛通货贬值，这种比赛的结局就是，所有国家的货币制度完全崩溃。

经常有人提起，通货贬值可以给对外贸易和旅游业带来一些优势。然而，这些优势完全是由于国内物价和工资率的调整需要一段时间才能适应通货贬值所造成的货币供需情况。只要这个调整过程尚未完成，出口便会受到刺激，而进口则遭到打压。然而，这仅仅意味着在这段调整期内，通货贬值国家的公民卖到国外的财货变得比较多，而从国外得到的财货变得比较少，以及他们在国外购买的东西变得比较贵。相应地，他们必须缩减他们的消费。这个结果，对那些认为贸易收支余额是衡量一国福祉的尺度的某些人看来也许是有利的，但是，通俗地讲，这个结果就是：英国人现在必须出口比较多的英国财货，才能购买他们在通货贬值前以较少数量的出口货就能换到的相当数量的茶叶。

通货贬值的捍卫者说，贬值可以减少债务负担。这当然是真的，它牺牲债权人的利益而让债务人受益。在某些人看来，这是有利的。因为他们还没认识到，在现代，债权人绝不可被视为富人，而债务人也绝不可被视为穷人。实际结果是：负债的房地产商和农场主，以及负债的公司股票持有者因通货贬值而受益，同时把储蓄投资于各种债券、储蓄银行存款和储蓄保单的绝大多数民众则因通货贬值而受损。

再者，还要考虑国外贷款，如果英国、美国、法国、瑞士和其他欧洲债权国将本国通货贬值，那便等于给国外债务人送礼。

赞成弹性本位制的一个主要论点就是，该制度能够降低国内货币市场利率。据说，在古典金本位制和固定金汇兑本位制下，一个国家必须按照国际货币市场的情况调整国内利率。在弹性本位制下，任何国家都可以出于对本国福祉的考虑而自由地制定国内利率政策。

就对外负债总额超过对外放款总额的国家来说，这个论点显然是站不住脚的。在19世纪，一些净债务国实行健全的货币政策，本国企业和居民能在国外市场借到以本国货币议定的贷款。随着这些国家的货币政策的改变，这种机会完全消失不见。现在没有哪一个外国银行家愿意以意大利里拉议定贷款契约，或安排发行里拉债券。就国外信用而言，一个净债务国国内的货币情况不管怎么变都是没有用的。就国内信用而言，通货贬值只减轻了先前已经举借的债务负担而已。接下来，因通货贬值而出现了正的价格溢价，所以通货贬值之后新发行债务的市场毛利率会提高。

对于债权国的国内利率而言，上面说的也同样有效。前面已经证明，利息不是一个货币现象，因此长期而言，不会受货币措施的影响。有了这个证明，这里就无须再多说些什么了。[1]

---

[1] 见第十九章。——译者注

没错，从1931年到1938年，各国政府所采取的通货贬值措施使得某些国家的实际工资率下降，从而缩小了制度性失业的规模。因此，在处理这些通货贬值经验时，历史学家可以说，它们是成功的，因为它们阻止了失业群众不断增加可能造成的革命性大动荡，而且在当时流行的意识形态下，也没有缓解这个危急形势的其他办法。但是，历史学家同样必须承认，这个补救办法没有触及制度性失业的根本肇因——工会主义的错误教条。通货贬值是一个狡猾的手段，它成功地躲过了工会教条的专制。它之所以有效是因为它没损害工会主义的尊严。但是，正因为它丝毫未损及工会主义的声望，所以它只能在短期内有效。工会领袖已学会辨别名义工资率和实际工资率，工会现在的政策是以提高实际工资率为目标，货币单位购买力下降的欺骗伎俩再也行不通了。通货贬值的招式过气了，它已经不再是减少制度性失业的有效手段了。

认识这些事实，有助于我们正确评估在第一次和第二次世界大战期间，凯恩斯的学说究竟扮演了什么角色。对于经济学家已经驳倒过无数次的那一套通货膨胀主义谬论，凯恩斯并未增加新的见解。他的学说甚至比他的前辈更为矛盾、更不一致。像西尔维奥·格塞尔（Silvio Gesell）那样的凯恩斯的前辈，经济学家在过去把他们当作货币怪咖加以批驳。而凯恩斯只知道将数理经济学包装成深奥的诡辩术语，去包装通货膨胀和信用扩张的政策诉求。支持干预主义的撰述者，茫然不知怎样提出任何看似合理的论证来声援毫无顾忌的支出政策。面对经济学关于制度性失业的理论，他们全然挑不出什么毛病。就在这时，他们以华兹华斯（Wordsworth）的诗句迎接"凯恩斯革命"：

"在那黎明时刻,活着就是天赐的幸福,而年轻就是天堂。"[1] 然而,这只是一个短暂的天堂。我们可以承认,对20世纪30年代的英国和美国政府来说,除了通货贬值,通货膨胀和信用扩张,不平衡预算和赤字支出,没有别的选择。政府不可能消除来自舆论的压力,不可能对抗民众普遍接受的意识形态的力量,不管这些意识形态错得多么离谱。然而,这可不是一个可以为官员开脱的理由,因为他们可以辞职,而不是继续执行那些带给国家灾难的政策。更不用说要为某些撰述者开脱,这些撰述者企图为所有通常的谬见中最粗糙的谬见——通货膨胀主义提供一个伪科学的辩护。

第五节　信用扩张

前面曾指出,如果把信用扩张完全视为政府干预市场的一个方式,那是不正确的。各种信用媒介的出现,起初并不是用作政府的政策工具:提高物价和名义工资率,以及降低市场利率和减轻债务负担。它们是从常规化的银行业务演化出来的。银行家发现,银行签发的活期存款收据和钞票被公众当成了货币替代物,于是开始将大众储存在银行的一部分资金贷出去,此时他们除了想着自己的经营利益外,并没有别的心思。对于

---

[1] 参见萨缪尔森的《凯恩斯勋爵与一般理论》("Lord Keynes and the General Theory"),《计量经济学A》(1946年第14期),第187页;再版于《新经济学》(纽约,1947年),第145页。

已经签发的活期存款收据和钞票,金库里是不是有足够的现金储备,银行家认为此事无妨。即使他们将大众的一部分现金存款贷出去,他们也深信自己永远能够履行契约责任,能随时赎回他们发出去的存款收据和钞票。于是,在未受干扰的市场运行中,银行钞票变成了信用媒介。所以,信用扩张的始作俑者是银行家,而不是政府。

但是现在,信用扩张却成为政府的一个特权。私人银行和银行家在信用媒介发行过程中,只具有附属性和辅助作用,只涉及一些技术性的问题。政府单独主导了整个事件的过程;在信用流通(circulation credit)方面,政府已经完全掌控了一切。在未受干扰的市场里,私人银行和银行家能够掌控的信用扩张金额受到严格限制,但政府的目的却是最大限度地增加信用扩张。信用扩张是政府用来打击市场经济的最主要工具。在政府手中,信用扩张是一根神奇的魔术棒,据说它可以让资本财的稀缺问题消失,可以降低或完全废除利率,可以为阔气的政府支出提供资金,可以没收资本家的财产,可以创造永久的经济暴涨,可以使每个人都很富裕。

信用扩张不可避免的后果已由商业周期理论阐明,然而,即使是那些仍然拒绝承认货币的周期性波动和信用流通观点的正确性的经济学家,也不敢质疑该理论关于信用扩张的必然后果,也得承认这种理论的无可辩驳性。这些经济学家也必须承认——他们也的确承认了——经济上扬总是以信用扩张为先决条件的,如果没有信用扩张,经济便不可能上扬,也不可能持续太久;而且不断加速的信用扩张一旦停止,经济就会急转直下。他们对商业周期的解释实际上可以归结为这样的论断:起先造成经济上扬的不是信用扩张,而是其他因素。他们说,信用扩张虽然是经济普遍暴涨不可或缺的必要条件，却不是政府刻意采取政策、人为压低利率和激励投资超出现有资本财数量供应所造成的结果。他们似乎以为，每当"其他因素"开始发挥作用时，信用扩张总是会奇迹般地出现，无须有关当局采取政策积极干预。

这些经济学家坚持反对那些通过放弃信用扩张来消除经济波动的提议，就这一点而言，他们显然是自相矛盾的。当通货膨胀史观的幼稚支持者根据他们那些完全错误的和矛盾的教条声称"信用扩张是经济万灵丹"时，他们的逻辑是一致的。但是，那些不否认信用扩张是经济暴涨的必要条件，但又对抑制信用扩张的提议持反对态度的人和他们自己的理论并不一致。无论是政府还是强大的发言人，以及当今在各大学经济学体系里占优势的"非正统"教条的捍卫者，都同意应该避免经济衰退的反复发生，而且也都认为要实现这个目标，就必须阻止经济暴涨。虽然他们提不出站得住脚的论证，来反对信用扩张政策，但他们依然固执地拒绝听取任何有关的提议。他们言辞激烈地毁谤那些阻止信用扩张的计划，批评这种计划是使经济衰退永远继续下去的一个原因。这个态度恰恰清楚地证明了，流通信用观点的经济波动理论是正确的，即商业周期是刻意通过降低利率来引发人为的经济暴涨的政策所造成的。

现如今，人们普遍认为，一些以降低利率为目的的措施是非常受欢迎的，而信用扩张则是达成这个目的的最有效手段。正是这个先入之见使所有政府反抗金本位制。"经济扩张主义"是当代最伟大的口号之一。所有政党和所有压力团体都坚定地热衷于人为压低利率的货币政策。[1]信用扩张的目的是，以牺牲某些群体为代价而让其他特定群体获益。这当然是干预主义所能取得的最佳成果，前提是它没对所有群体的利益造成伤害的话。虽然干预主义使整个社会变得比较贫穷，不过仍然有可能使某些特定群体变得更富有。究竟是哪些群体变得更富有，则取决于每个信用扩张实例的具体情况。

现在有一种"定性的"信用管制。这种管制措施的意图是，以某种方式引导新增信用的流向，把信用扩张的所谓好处集中在某些群体，而不让其他群体得到。有人坚决主张，贷款不该流向股票市场，不该使股票价格飙升；相反，贷款应该有益于加工制造业和矿业，有益于"正当的企业"，尤其是有益于农业等"正当的生产活动"。还有一些这种信用管制的支持者希望阻止新增贷款因被用于固定资本投资而丧失流动性的现象。他们主张，银行贷款应该用于生产具有流动性的财货。按照这些计划，有关当局给予银行业一些具体指示，规定哪些种类的贷款是银行该发放的或该禁止发放的。

然而，所有这些计划都是没用的。歧视贷款对象取代不了抑制信用扩张这个唯一能真正阻止股价指数飙升和固定资本投资扩大的办法。新增的信用数量进入资金市场的方式，只是次

---

[1] 如果银行未通过发行新增的信用媒介（不管是以银行钞票形式，还是以存款货币形式）扩大流通信用，便不可能引起经济暴涨，即使银行把利率降至未受干扰的市场利率以下，银行利率徒然降低将只是给债务人送礼。那些希望阻止暴涨和随后的衰退反复发生的人，从货币的商业周期理论引申出来的推论不是银行不该降低利率，而是银行应该放弃信用扩张。哈伯勒（Haberler）教授未能完全掌握这个关键点，因此，他那些批判性意见是无济于事的（《繁荣与萧条》，第65—66页）。

要的,真正重要的是有没有新创造出来的信用流入资金市场。如果银行发放更多信用给农夫,农夫便能够偿还从其他来源获得的贷款,以及在购买所需的东西时支付现金。如果银行发放更多的信用给企业界作为流通资本,就会把从前固定在当下这种用途的资金给释放出来。无论银行贷款给谁,结果都是使可支配的资金变得更充裕,于是这些资金的拥有者便会努力寻找最有利可图的投资机会。很快,这些资金便会在股票市场或固定投资方面找到出路。如果有人认为可能有办法持续进行信用扩张,而又不至于使股票价格飙升和固定投资扩大,那只是一种荒谬的想法。[1]

直到几十年前,信用扩张机制的发生过程还是由两个事实决定的:第一,信用扩张在当时是在金本位制下进行的;第二,信用扩张不是各国政府以及政府所控制的中央银行协议后的结果。第一个事实代表各国政府不准备放弃本国银行钞票按照固定平价的可兑换性。第二个事实导致各国的信用扩张规模参差不齐。有些国家(称为A)的信用扩张规模超过其他国家(称为B),A国的银行面临黄金和外汇准备严重外流的危险。为了保持自身的偿付能力,A国的银行不得不采取猛烈的信用紧缩政策。这一政策在A国市场造成恐慌,引发经济衰退。恐慌很快扩散到B国。B国的商人感到害怕,开始大幅增加借款,囤积流动资金,以便应对所有可能的市况变化。正是新贷款需求的大幅增加,促使已经因A国市场危机而倍感惊恐的B国货币当局也采取信用紧缩政策。于是,在几天或几周之内,衰退变

---

[1] 参见马克卢普(Machlup)的《股票市场、信贷和资本形成》(*The Stock Market, Credit and Capital Formation*),第201—256页。

成一个国际现象。

在某一范围内，通货贬值政策改变了这个事件的发展顺序。当受到黄金与外汇准备外流的威胁时，相关国家的货币当局并不会采取信用紧缩或提高中央银行的重贴现率，而是诉诸通货贬值。然而，通货贬值并不能解决真正的问题。如果政府不在乎外汇汇率怎样上涨，政府的确能在短期内推行信用扩张政策。但是，总有一天，爆掉的经济暴涨将会摧毁本国的货币体系。如果当局希望避免越来越大幅度的通货贬值，就必须适当调整本国的信用政策，以使本国的信用扩张速度不超过某些特定国家。因为有关当局希望本国货币与这些国家的货币保持汇兑平价。

许多经济学家理所当然地认为，货币当局将永远重复扩张信用的举措，从而导致经济暴涨期和随后的经济衰退期几近规律性地更迭。他们认为，未来的信用扩张将引起的后果，不会不同于自18世纪末以来在英国，以及自19世纪中叶以来在西欧、中欧和北美所观察到的那些后果。我们倒有点怀疑，情况是否已经改变了。现在，即使在经济学学术圈外，有关货币的商业周期理论也已是众所周知的学说，以致从前在经济暴涨期间鼓舞企业家冲动生产的那种单纯的乐观，已经被一定的怀疑态度所取代。未来的商人对信用扩张的反应，也许将和过去的商人的反应不同。他们也许会避免使用廉价获取的资金以及扩大他们的运营规模，因为他们一定会想到经济暴涨总有一天必然会结束。有些迹象预示着商人的心态已发生了这样的改变，但是，要做出肯定的判断，现在为时尚早。

反商业周期政策的妄想

所有干预主义者大力宣扬的那些所谓"非正统"学说都有一个基本的论点：衰退的反复发生是市场经济运行本身固有的一个现象。计划经济者主张唯有以计划经济取代资本主义才能根除这个祸害，但干预主义者却认为，政府有能力适当矫正市场经济的运作，从而实现"经济稳定"。如果这些经济干预者对抗经济衰退的计划是以放弃信用扩张政策为核心的，那么他们就是正确的。然而，他们已预先排除了这个想法。他们要通过不断地扩张信用以及采取一些特别的"反商业周期"措施，来防止经济衰退。

在对抗经济衰退计划的实施过程中，政府看起来像是一个神明，它站在人间世俗之外工作，不受辖区民众行为的影响，而且有能力从外部干预民众的行为。它掌握一些手段和资金——一些不是由民众提供的手段和资金，能被它随意支配且用在它想要的任何用途上。要使这个神一般的存在产生最大的善果，所需要的只是遵从专家给予的建议。

在所有这些建议的救济"药方"中，宣传得最厉害的当数公共工程和公营企业投资的反商业周期时间安排。这个想法，并非像提倡者想要我们相信的那么新颖。在过去，当经济衰退来临时，舆论总是要求政府推动公共工程，以创造工作机会和制止物价下跌，但问题是怎样给这些公共工程提供所需资金。如果政府对民众征税或向民众借钱，那就丝毫未增加凯恩斯学派所说的任何总支出。私人消费和投资能力遭到削弱的程度和政府支出能力增加得一样多。然而，如果政府采取它素来喜欢的通货膨胀方法筹措资金，那就会把情况弄得更糟，而不是更好。政府也许能在短期内推迟危机的爆发，但是，当不可避免的危机终于到来时，政府推迟危机爆发的时间越长，危机便越严重。

主张干预主义的专家茫然不知怎样理解这里涉及的真正问题。在他们看来，主要的工作是"预先计划好公共资本支出，囤满一揽子仔细规划好的投资项目，一旦下定决心便可以立即执行这些项目"。他们说，这是"唯一正确的政策，我们建议所有国家都采取它"[1]。然而，真正的问题不是详细制订一些计划，而是提供计划执行所需的物质手段。干预主义者认为，这很容易办到，只要在经济暴涨期间稍微缩减政府支出，待衰退来临时再增加支出就行了。

政府缩减支出未尝不是一件好事，但是，这不会提供政府后来扩大支出时所需的资金来源。一个人可以这样安排他的支出事项：可以在收入高的时候累积一些储蓄，等到收入下降时用。但是，就一个国家或所有国家来说，情况是不同的。财政部可以把经济暴涨期间大量流入国库的税收中的相当大的一部分窖藏起来。只要政府把这些资金撤出流通渠道，从而在资金撤出规模内和撤出期间内，削弱信用扩张所造成的经济暴涨幅度，这种政策的确是通货紧缩性的和反商业周期的。但是，等到政府把这些窖藏资金拿出来用时，就会改变货币的供需关系，导致货币单位购买力出现一个由现金引起的下降趋势。这些资金绝不可能给那些摆在架子上的公共工程计划提供所需的资本财。

干预主义者的根本错误在于忽视了缺乏资本财的事实。在

---

[1] 参见国际联盟，《战后世界的经济稳定》，《经济萧条问题代表团的报告》（日内瓦，1945年）第二部分，第173页。

他们看来，经济衰退只是私人消费和投资倾向突然神秘消失造成的。当唯一真正的问题是必须生产更多、消费更少，以便增加有用的资本财供应量时，干预主义者却希望同时增加消费和投资。他们希望政府可以从事一些无利可图的投资项目，这些项目之所以无利可图，恰恰是因为项目执行所需的生产要素必须从其他一些生产用途中挪过来，而这些生产要素在其他用途上将满足消费者认为比较迫切的一些需求。他们未能意识到，执行无利可图的公共工程，必定大大加剧真正的不幸——有用的资本财的缺乏。

当然，有人可能想到，经济暴涨期间的政府储蓄有另一种使用方式：政府可以把剩余的财政收入用于购买大量物资，并将这些物资囤积起来，这些物资是将来经济衰退来临时实施一些计划好的公共工程项目所需使用的，其中也包括从事这些工程的工人需要的消费财。但是，如果有关当局真的这么做，便会大大加剧经济暴涨，加速危机的爆发，并且使危机的后果更严重。[1]

所有关于政府反商业周期行动的空话只有一个目的，即转

---

[1] 在处理反商业周期政策时，干预主义者总是会提到这种政策在瑞典取得的成功。没错，在1932年至1939年，瑞典的公共资本支出实际增加一倍。但是，这不是20世纪30年代瑞典经济繁荣的"原因"，而是经济繁荣的"结果"。这个繁荣完全是德国重整军备所造成的。纳粹重整军备的政策一方面增加德国对瑞典产品的需求，另一方面则缩减德国在国际市场上和瑞典竞争销售同类商品。因此，从1932年到1938年一些瑞典的出口品增加的情形如下：铁矿砂从2129千吨增至12485千吨，生铁从31047千吨增至92980千吨，铁合金从15453千吨增至28606千吨，其他类钢铁从134237千吨增至256146千吨，机械从46230千吨增至70625千吨。申领救济金的失业人数在1932年为114000人，在1933年为165000人。当德国重整军备进入高潮时，瑞典的失业人数立即下降：1934年降至115000人，1935年降至62000人，到了1938年则是16000人。这个瑞典"奇迹"的创造者不是凯恩斯，而是希特勒。

移民众的注意力，免得他们认识到商业周期波动的真正原因。所有政府都热衷于低利率政策、信用扩张和通货膨胀。当这些短期政策出现不可避免的后果时，所有政府都只知道一个补救办法，即继续实行通货膨胀。

第六节　外汇管制和双边汇兑协议

如果某国政府把本国的信用货币或法偿货币相对于黄金或外汇的平价固定在某一高于市场的价位（也就是说，政府把黄金或外汇的最高价格固定在潜在的市场价格之下），那么格雷欣法则所描述的那种结果便会出现，而这种结果被人们非常不恰当地称为"外汇短缺"。

任何经济财的特征就是，它的实际供给并未多到满足所有需求。一种东西的供给若不是短缺的，它便不是经济财。它没有任何价格可言，没有人会索要或支付它的价格。由于货币必然是经济财，所以"货币不该短缺"的想法是荒谬的。然而，那些抱怨外汇短缺的政府心里所想的其实是另一回事。外汇短缺是它们的外汇定价政策不可避免的结果。外汇短缺表示，在政府（任意）规定的外汇价格下，需求超过供给。在已经通过通货膨胀来降低本国货币对黄金、外汇和各种商品与服务的购买力之后，政府如果放弃任何控制外汇汇率的尝试，就绝不会有政府所谓的外汇短缺。凡是准备按市场价格支付的人，都将买到他想购买的外汇数量。

但是，政府绝不会容忍外汇汇率（以通货膨胀后的本国货币计价）出现任何上涨。政府通过它的法官和警察，禁止任何不按照官方规定的最高价格所进行的外汇买卖。

在政府和它的捍卫者看来，外汇汇率上升是国际收支逆差和投机者购买外汇造成的。为了去除这个弊端，政府会采取一些限制外汇需求的措施。此后，只有需要外汇进行政府所核准的那些交易的人，才有权利购买外汇。政府认为，非必要的外国商品不应当再进口，政府也禁止对外国人的债务支付利息和本金，并不准国民再到国外旅游。但是，政府未能意识到，这些措施绝不可能改善国际收支。如果进口下降，那么出口也会同步下降。那些购买外国商品、偿还外债和出境旅游受阻的民众，不会把手中的本国货币保留在现金储备里。他们会增加购买一些消费财或生产财，从而导致国内物价进一步趋向上涨。但是，国内物价越是上涨，出口便越受到抑制。

于是，政府不得不采取进一步的措施：将外汇交易国有化。每个取得外汇（例如通过出口取得外汇）的人都必须把外汇按官方规定汇率卖给外汇管制当局。这个相当于征收出口税的规定如果被有效实施，出口贸易将会大大萎缩或完全停止，政府肯定不喜欢这个结果。但是，它也不想承认，政府的干预完全未能达成它想达到的目的，甚至还带来一个让它自己觉得比以往情况更加糟糕的实际结果。所以，它又采取了一个应急措施，即补贴出口贸易，补贴的幅度刚好足以补偿外汇国有化政策导致出口商蒙受的损失。

政府的外汇管制当局顽固地坚持虚假事实，说外汇汇率并未真的上涨，而官方规定的汇率仍是一个有效的汇率，让人们继续按官方规定的汇率出售外汇给进口商。如果这个政策真的被实行，就等于给进口商提供津贴。因为在官方规定的汇率下，进口商在国内市场出售进口商品就会获得额外的利润。有关当局因此将采取进一步的措施，要么提高进口关税，要么对进口商征收特别税，要么以其他方式加重进口商购买外汇的负担。

于是，外汇管制当然奏效。然而，它之所以奏效，是因为它实际上承认了市场汇率。出口商出售他的外汇时，可以获得官方规定的汇率再加上出口津贴，两者合计等于市场汇率。进口商购买外汇时，需要支付官方规定的汇率，再加上特别的价格溢价、特别的进口税或关税，这些加起来也等于市场汇率。而只有那些头脑蠢钝、全然不知真实情况并任凭官僚术语愚弄的人，才会著书立说、撰文讨论所谓的货币管理新方法和货币新经验。

政府独占外汇买卖，将对外贸易的控制权握在有关当局手中。但是，这不影响外汇汇率。政府是否准许新闻媒体将真实有效的汇率公之于世，是无关紧要的。只要对外贸易持续进行，这些（和市场状况符合的）真实有效的汇率就会发挥作用。

为了把实际情况隐瞒得更好，政府通常致力于全面避免提及真实的外汇汇率。它们认为，对外贸易不应再利用货币作为交易媒介，而应该以货易货。它们和外国政府签订易货和清算协议，两个签约国的任何一方应出售一定数量的财货和服务，以交换另一方一定数量的其他财货和服务。在这些条约里，任何涉及真实市场汇率的字眼，都被它们小心谨慎地避开了。需要注意的是，签约双方都根据以黄金计价的世界市场价格计算它们的销售数量和购买数量。这些清算和易货协议以两个国家之间的双边贸易取代自由主义时代的三边或多边贸易。但是，它们绝不影响这个事实：一个国家的本国通货对黄金、外汇和商品的购买力已经部分丧失了。

外汇管制作为对外贸易国营化的一个政策，是计划经济取代市场经济的一个步骤。根据上述观点，它无疑是失败的。不管是短期还是长期，它肯定都影响不了真正的外汇汇率。

关于纳粹易货协定的一些评论

纳粹德国和许多国家分别签订的一些易货和清算协议，在过去被那些大量讨论这方面课题的文献误解了。而这些误解衍生出了目前关于货币问题的流行性谬见。因此，针对这些误解做一些评论是有必要的。

和纳粹德国签订这种协议的各国政府的动机各不相同，这些协议所产生的政治后果和经济后果也不相同。为了处理其中所涉及的一些问题，我们可以先讨论纳粹德国与瑞士签订的协议，然后再讨论纳粹和一些东南欧国家的协议。

在希特勒掌权之前，瑞士银行已经借给德国企业一笔相当庞大的资金。此外，瑞士的一个主要产业（旅游业）在很大程度上依赖德国旅客。德国颁布外汇管制法之后，授权德国有关当局禁止所有德国人给瑞士银行还本付息或赴瑞士旅游。对瑞士来说，若想抢救其在德国的一部分资产，以及促使纳粹允许有限的一部分德国人到瑞士度假，签订清算协议是唯一的办法。

至于纳粹德国和巴尔干地区的一些国家的那些协议更加有趣，因为种种误解，这些协议被扭曲得更为严重。

让我们看一个案例：德国和东南欧某个国家（我们姑且称之为巴尔干尼亚）签订了一个关于互换商品的协定。这些商品若在世界市场上买卖，其总价为2000万美元。巴尔干尼亚必须交付世界市场价值1000万美元的粮食和原料，而德国则必须交付世界市场价值1000万美元的工业制品。这笔交易的奇特之处在于，这些根据协议条件买卖的商品并不是按它们的世界市场价格计价的，而是按一个比较高的价格，比如，按高于世界市场价格10%的价格计价。巴尔干尼亚必须购买的德国商品借记在账上的金额不是1000万美元而是1100万美元。但与此相对，巴尔干尼亚卖给德国的商品贷记在账上的价格也不是1000万美元而是1100万美元。这些高估的价格完全或至少很大一部分隐藏在德国马克和巴尔干元（巴尔干尼亚通货体制中的货币单位）的汇率中，因为双方的易货协议将汇率订在一个不同于实际市场汇率的水平。

让我们假设1美元在世界市场上可实际兑换10巴尔干元。根据易货协定，巴尔干尼亚通过卖给德国一批粮食和原料获得1.1亿巴尔干元，而英国商人只愿意出价1亿巴尔干元购买这批粮食和原料。同时，巴尔干尼亚花1.1亿巴尔干元从德国买进一批工业制品，但是这批工业制品原本能以1亿巴尔干元从英国或美国的出口商处买到。

要了解这个奇怪的过程，我们就必须知道，这些高估的价格所导致的损失和利得，只有就整个国家层面而言才能相互抵消，就个别民众的层面而言，则不能相互抵消。这一点很有意思。对德国而言，由于在希特勒的掌权下，所有企业都国有化了，所以这一点对它没有任何影响。但是，在巴尔干尼亚，国内生产和国内贸易仍然是以私有财产制为基础的，只有巴尔干尼亚的对外贸易才受政府控制。于是，因为进口商品的价格高估而受害的和因为出口商品的价格高估而受惠的，并不是同一群人——认识到这一点很重要。易货协议中关于高估价格的条款将导致收入从一群人（政府眼中的"不肖子"）移转至另一群人（政府眼中的"宠儿"）。巴尔干尼亚政府将按照如下方式分配这个易货协议所带来的利益：

（1）支付输出粮食和原料的生产者500万巴尔干元（高于市场价格）。

（2）受委托执行易货协议的政府机构和协助政府完成协议的"朋友"（合法和非法的）获得100万巴尔干元。

（3）国库保留400万巴尔干元。

易货协议所造成的损失，则按照如下的方式分配：

（1）那些因出口产品价格比较高而受惠的人也会支付比较高的价格购买进口商品100万巴尔干元。

（2）其他民众支付比较高的价格购买进口商品500万巴尔干元。

（3）政府支付比较高的价格购买进口商品400万巴尔干元。

很明显，政府的"朋友"和生产粮食与原料输出的生产者获得500万巴尔干元，而非农业部门的民众则承担500万巴尔干元的额外支出。这样的结果符合巴尔干尼亚的整体经济政策。像许多当代国家一样，巴尔干尼亚的统治者尽其所能，以牺牲非农业部门的利益惠及农业部门。

这些易货协议的政治后果有两个。首先，巴尔干尼亚政府变成了德国的附庸，但是在国内，该政府的权力增强了。政府现在手中有一笔资金，这笔资金惠及它的朋友——这些人在负责执行易货协议的公司或政府机构里领薪水。再者，政府有权力歧视那些不支持政府的农民群体以及那些属于少数语言或宗教群体的成员。对于出口到德国的那些产品，政府只从与政府有关系的生产者处购买。那些持异议者不得享受易货协议的好处，他们必须按符合世界市场行情的较低价格出售他们的农产品。例如，在南斯拉夫，信仰天主教的克罗地亚农民抱怨政府只向塞尔维亚人购买商品。这种抱怨是否真有事实根据无法确定，但不管怎样，克罗地亚人没有责怪纳粹，他们只责怪南斯拉夫政府。

易货协议给了德国独占东南欧国家对外贸易的地位，并且不可避免地在政治上把这些国家和德国联系在一起。从纳粹的角度来看，易货协议巧妙地利用了这些国家内部的经济对立，达成了纳粹自己的政治目的。对巴尔干半岛那些国家的政府来说，这些易货协议提供了一个机会，让它们得以启动一个政策：以牺牲非农业阶层的利益惠及农业阶层。在中西欧那些工业国家，同样的政治目的则是以关税和其他歧视外国农产品的措施来达成的；在美国则是以通过新政实施一系列农业措施来达成的；在罗马尼亚、匈牙利、保加利亚和南斯拉夫则是以和德国签订易货协定来达成的。

面对德国在巴尔干半岛进行的这个经济攻势所引起的问题，英国一筹莫展。英国商人不得不从这些市场撤退，因为在那里，他们只能以高于在其他国家能支付的价格购买东西。巴尔干半岛这些国家的政府宣称，它们没有英镑收入支付来自英国的进口商品，所以拒绝发放进口许可。于是，英国和这些巴尔干国家的商业往来严重受限。

这些巴尔干国家和其他西欧国家以及美国的商业往来，也同样受限。

以上就是被许多撰述者当作开启货币管理新时代的一个创举来大肆颂扬的贸易清算协议的本质。

第三十二章　没收和重新分配

第一节　没收的哲学

　　干预主义的指导思想是，干预财产权不会影响生产规模。这个谬见最幼稚的表现就是没收式的干预行为。干预主义者认为，生产活动的成果（整体国民收入）是一个既定的量，它和纯属偶然的社会制度安排无关；而政府的任务就是在社会成员间"公平"分配这个既定的整体国民收入。

　　干预主义者声称，所有商品都是由某个生产过程制造出来的，当一个生产过程结束（产品被生产出来）时，另一个生产过程才开始把产出分配给每个社会成员。资本主义社会的特征是分配不均等：某些人（企业家、资本家和地主）把多于他们该得的一份产出据为己有，因此，别人得到的部分就被削减了。政府理当把特权阶级不该据为己有的部分没收，然后分配给被剥削阶级。

在市场经济里，不存在这个所谓的二元过程（两个独立的过程：一个是生产过程，另一个是分配过程），实际只有一个过程。东西不是先生产出来，然后再来分配的。不存在占用一部分无主之物这回事，各项产品自始便以"属于某个人的财产"的身份出现在世界上。如果想要分配产品，那就必须先没收产品。对掌握强制与胁迫手段的政府机构来说，要没收或征用某物，无疑是很容易的，但是，这并未表明，一个持久的经济运作体制可以建立在这种没收和征用的基础上。

当维京人掠夺了一个自给自足的村落，并转身离开后，活下来的受害者又开始工作、耕种土地、重新生活。若干年后，当这些海盗再度返回时，他们又会发现一些可以掠夺的东西。但是，对于这样的反复掠夺和侵袭，资本主义社会承受不起。资本主义社会的资本积累和各项投资，是建立在对这种剥夺不会发生的预期的基础上的。如果没有这种预期，那么人们宁可把资本消费掉，而不是保存资本供他人征收和剥夺。忽略这一点，正是所有"企图将私有财产制和反复征收、剥夺"计划相结合的根本错误。

第二节　土地改革

从前，社会改革者的目标只是建立一个自给自足的农民社区，社区内每个成员分到的土地面积应该相等。在这些乌托邦改革者的想象中，没有空间容纳加工业的分工和专业化。称这种社会秩序为"农业社会主义"是一个严重的错误，这种社会秩序只是经济上自给自足的一些家庭聚集在一起而已。

在市场经济里，土地是一种生产手段，和其他物质类生产要素一样。市场经济条件下，基于务农人口的"平均地权"计划，只会将特权赋予某一群不具效率的生产者，而牺牲绝大多数消费者的利益。市场中的消费者只准备以边际成本购买所需的农产品，那些生产成本高于边际成本的农夫将被淘汰。市场决定每个农场的规模及其所使用的生产方法。如果政府干预市场，使得农业生产方式不同于市场所决定的生产方式，那么农产品的平均价格就会升高。如果存在竞争，假设有 m 个农夫，且每个农夫经营 1000 英亩的农场，以生产所有消费者愿意购买的那些农产品，而政府干预的目的是以 5m 个农夫（每个农夫经营 200 英亩的农场）取代 m 个农夫，那么买单的将是消费者。

引用自然法或其他玄学理念为这种土地改革辩护是没用的。这种改革提高了农产品的价格，同时也降低了非农业产品的价格，事情就是这么简单。由于现在平均每单位农产品需要较多的人力去生产，所以，将有较多的人从事农业生产，而剩下来能供加工业使用的人数就变少了。于是，可供消费的商品总量下降，绝大多数人因而遭殃，但某一特定群体将受惠。

第三节 没收式征税

当今，没收式干预的主要工具是征税。不管征收财产税和所得税的目标源于"财富与收入均等化"这个所谓的社会动机，还是源于税收本身的动机，都是无关紧要的。重要的不是征税的动机，而是征税所产生的效果。

普通人在看待这里所涉及的问题时会流露出明显的嫉妒心理：为什么别人比他更富有呢？高高在上的道德家把他的憎恨融入哲学论述里。他说，一个拥有1000万元的人不会因为财富增加9000万元而变得更快乐；相反，对于一个拥有1亿元的人来说，如果他的财富缩减至仅剩1000万元，那么他也不会觉得幸福有什么减损。相同的论证对于那些收入高的人也一样有效。

以这种方式进行判断，即从个人主义的观点来判断，其所采用的尺度是假定的个人情感。然而，这里所涉及的是社会问题，所以必须就它们的社会影响来进行评估。重要的既不是克洛伊索斯[1]的幸福，也不是他个人有什么功过是非，重要的是社会和人的劳动生产力。

如果一条法律禁止任何人积累超过1000万元的财富或限制每人每年的收入不超过100万元，那么它禁止的恰恰是在满足消费者需求方面最成功的那些企业家的行动。如果这样的一条法律50年前便已在美国颁布施行，那么现在的千万富豪将过着比较平庸的生活。与此同时，所有那些把创新产品供应给广大群众的新产业即使存在，其运营规模肯定也会小很多，而且普通人仍将消费不起那些产品。阻止最有效率的企业家扩大生产规模，直到消费者不再以购买产品来表示赞同这些企业家的生产扩张，显然是违背消费者利益的。这个问题的症结再一次强

---

[1] 克洛伊索斯是古代吕底亚的国王，被当时的希腊人称为最富裕的人，他的名字甚至成为"富有"的代名词，有"富如克洛伊索斯"（Riche comme Crésus）之说。——编者注

调：谁该是至高无上的，是消费者还是政府？在未受干扰的市场里，消费者买或不买的行为，最终决定了每一个人的收入和财富。应该赋予政府权力来推翻消费者的选择吗？

对于前述看法，无可救药的国家崇拜者（statolatrist）并不同意。在他们看来，大企业家行为的动机，不是对财富而是对权力的强烈欲望。这样一个"高贵的商人"将不会减少他的活动，即使他必须把所有多余的利润交给税吏，他的权力也不可能因单纯赚不赚钱而减弱。为了便于论证，我们姑且承认这种心理学。但是，一个商人的权力如果不是基于他的财富，还能基于什么？如果阻止洛克菲勒和福特获得财富，那么他们怎样才能获得"权力"呢？毕竟，还有些国家崇拜者之所以希望禁止个人积累过多的财富，正是因为财富会衍生经济权力。[1] 相对而言，这些国家崇拜者的立论就比较稳固。

征税是必要的，但是，目前在（收入和遗产）"累进征税"这个名称的误导下而被众人接受的这套差别化征税制度不是一种征税模式，而是一种变相没收成功资本家和企业家财产的模式。无论政府的追随者提出什么理由，这种变相的没收模式与市场经济是永远不兼容的。回顾所得税率从联邦所得税于1913年起征到目前为止的演进历史，我们很难相信，在不久的将来，所得税不会百分之百吞掉所有超过工会领袖一般工资水平的收入。

经济学不在乎什么人提出什么似是而非的玄学教条赞成征收累进税，只关心累进税对市场经济运行的影响。干预主义者

---

[1] 这里再次强调，在处理经济问题时，使用政治术语是完全不恰当的。参见第十五章第四节。

和政客从凭空想象的"社会需要"的观点看待这里所涉及的问题。在他们看来,"征税的目的从来就不是筹集资金",因为政府"能通过印制钞票筹到它所需要的一切资金";征税的真正用意是,"要使留在纳税人手中的钱变少"。[1]经济学家从一个不同的角度处理问题。他们首先会问:没收式征税对资本积累有些什么影响?被征收的那部分较高的收入,原本大部分将用于积累新增资本。如果财政部把课征来的税收用作流动性支出,其结果将是资本积累数量下降。对遗产税来说,这个论断同样有效,甚至更为有效。遗产税迫使继承人不得不出售立遗嘱者相当大的一部分财产。当然,这部分资本并未被损害,只是变更了拥有者。但是,购买者用来向继承人购买该部分资本的储蓄,原本也可能构成资本供给的净增量。因此,新增资本的积累速度变慢了。科技进步的步伐减缓,每个受雇工作者平均使用的资本数量变少,劳动生产力和实际工资率的上升同时受到抑制。流行性的想法是,没收式征税模式只伤害直接的受害者——有钱人,显然这是不正确的。

眼看所得税或财产税将上升到100%,资本家宁可消费掉自己的资本金,也不愿意为税吏保留这些资金。

没收式征税不仅通过对资本积累的负面影响抑制经济进步,还会引起一个经济停滞和保留既有商业陋习的趋势。在未受干扰的市场经济竞争情况下,一些传统陋习是不可能持续存在的。

资本主义的一个固有特征是不尊重既得利益,它会强迫每

---

[1] 参见A.B.勒纳(A.B.Lerner)的《控制经济学》(*The Economics of Control*),《福利经济学原理》(*Principles of Welfare Economics*)(纽约,1944年),第307—308页。

个资本家和企业家不断调整企业的营运方式,以适应市场结构的变化。资本家和企业家从来不是自由放任的,只要他们还未关门倒闭,他们便从来就没有过特权,他们不得平静地享受先辈和他们自己过去的成就所留下来的余荫,不得墨守成规。如果他们忘了竭尽所能地服务消费者,他们将很快失去显赫的地位,被迫变回普通人。他们的领导地位和他们的资金不断遭到市场新手的挑战。

每个聪明灵巧的人都可以自由地启动新的商业项目。他也许贫穷,资金也许不多,大部分也许还是借来的。但是,如果他以最好、最便宜的方式满足消费者的需求,那么他将借由"过分的"利润获得成功。他把大部分利润再投进他的企业,使企业增长得更加迅速。正是这种企图心旺盛的暴发户行动,让市场经济充满"活力"。这些新富阶级是经济进步的驱动力。他们的竞争使老牌企业和大公司不得不调整营运方式,以期给社会大众提供尽可能好的服务。

但是,目前的税制往往会吞没市场新手大部分"过分的"利润。如果他们不能积累资本,不能扩大自己的生意,他们将永远不能变成大企业并成为可以和那些既得利益者相抗衡的竞争对手。老牌企业无须害怕其竞争,它们有税吏保护,因而可以墨守成规、不虞受罚。它们可以蔑视社会大众的愿望,变得保守。没错,所得税也会阻止它们积累新的资本,但是,对它们来说,更重要的是,所得税阻止具有威胁性的市场新手积累资本。它们实际上受惠于税制。就这个意义而言,累进税会抑制经济进步。在未受干扰的资本主义体制下,资本所有权是一项责任,它强迫资本所有者服务于消费者。而现代的征税方式却把它转变成一项特权。

干预主义者抱怨说，大企业现在变得越来越呆板、越来越官僚，而且现在有能力的市场新手不能再挑战一些古老富有家族的既得利益。然而，他们所抱怨的情况，恰恰是他们自己的政策造成的。

利润是市场经济的驱动力，利润越大，消费者的需求所获得的供应就越好。因为只有消除了先前存在于消费者需求和生产活动之间的落差，企业家才可能赚得利润，因此，只有社会大众的最佳服务者才能赚得最高利润。政府打击人们获得利润就是刻意破坏市场经济的运作。

没收式征税和风险承担[1]

一个流行的谬论认为，企业家的利润是承担风险的报酬。它把企业家视为一个赌徒，在权衡赢得奖金和输掉本金的概率之后，把资金用于购买抽奖的彩票。很明显，这个谬论把股票市场交易描述为一种赌博。根据这个观点，没收式征税所造成的弊端仅在于扰乱彩票输赢的相对比例：赢得的奖金被削减，而输掉赌注的风险则维持不变。于是，资本家和企业家会变得不再乐于从事有风险的创业投资。

这个推论的每一句话都是错的。资本所有者不是在风险比较大、风险比较小和毫无风险的投资之间做选择。他们迫于市场经济的运行，不得不把资金尽可能地投资在能够满足消费者最迫切需求的用途上。如果政府所采用的征税模式引起资本消

---

[1] 这里的评论显然是针对弗兰克·奈特（F. H. Knight）的利润学说。——译者注

费或使新的资本积累缩减，则满足消费者一些边际需求所需要的资本便会欠缺，而原本在没有这些税的情况下将会实现的投资扩张便胎死腹中了。于是，消费者的需求满足只能达到较低的程度，但是，这个结果不是资本家不愿意承担风险造成的，而是资本供给下降造成的。

在市场经济里，没有"安全的投资"这回事。如果资本家真的像上述理论所描述的那样行动，真的追求他们认为最安全的投资，那么他们的行动将使得该投资途径变得不安全，并将失去他们所投入的资本。对资本家来说，没有什么办法可以规避适用于投资的市场法则，即凡是投资者都不可避免要顺从消费者的愿望[1]，都势必要在资本供给、科技知识和消费者价值排序等条件下，去生产所有能生产出来的东西。资本家从来不选择（根据他对未来的了解）可能损失资金的风险最小的投资项目，而是选择自己预期可赚得最高利润的那个投资项目。

有些资本家意识到自己没有能力正确地判断市场趋势，因此他们不投资于股权资本（equity capital），而是把资金借给某种创业资本（venture capital）的拥有者。于是，他们和他们所信赖的那些有能力评估市场情况的人达成了某种伙伴关系。创业资本通常被称为风险资本。然而，正如前面已经指出的，优先股、各种公司债券、抵押债权和其他债权方面的投资成败，最终也同样取决于决定创业资本投资成败的那些因素。[2]没有

---

[1] 如果资本（更确切地说是资本财）不符合消费者的愿望（对生产消费者想要的东西没有贡献），那就没有价值。没有价值的资本是已消失的资本、不能算资本。本文所提到的市场法则就是这么简单。——译者注

[2] 参见第二十章第二节。

什么投资是不受市场变动影响的。

如果税制确实能够激励放贷资本的供给，但却抑制了创业资本的供给，则市场毛利率将会下降。同时，由于在公司的资本结构中，债务资本相对于股权资本的比例上升，因此投资于放贷将变得更不安全。所以，所谓规避风险的投资模式转换，到头来只是一种自动回到原点的无效转换。

资本家通常不会把他的投资集中于普通股或放款，也不会集中于某一企业或某一产业，而是偏好把他们的资金分成不同种类的投资。这个事实并不表示他们希望降低自己的"赌博风险"，而是希望增加赚到利润的机会。

如果某人认为该项投资无利可图，那么他绝不会从事任何一项投资，谁都不会刻意选择错误的投资。因为投资者未适当预料到的一些情况出现了，所以他的投资才变成了错误的投资。

正如先前所指出的，绝不可能有尚待投资的资本这种东西。[1] 资本家没有在投资与不投资之间做选择的自由。在选择他的投资项目时，他不能背离消费者尚未满足的需求中最迫切的那些需求。他必须努力正确地预判这些未来的需要。征税可能减少新增资本供给的数量，甚至导致先前积累的资本被消费掉，但是，征税并不会影响现有资本的使用方式，不管现有资本的数量是多还是少。

如果富有者的所得税和遗产税所适用的税率高得过分，那么资本家会认为，最明智的做法是以现金或无息银行存款的方式持有他的全部资金。他若能消费掉一部分资本，便无须缴纳

---

[1] 参见第十八章第九节。

任何所得税，还可以降低他的继承人将来必须缴纳的遗产税。但是，即使人们真的这么做，他们的行为也不会影响现有资本的使用方式，而只会影响市场价格。但是，不会因为这样就有资本财被扣留下来而不能投资在某种用途上。市场的运行永远会把投资推向某些用途，以满足消费者需求中最迫切的那些需求。

第三十三章 工团主义和社团国家主义

第一节 工团主义的念头

"工团主义"(syndicalism)一词有两个完全不同的含义。

在乔治·索雷尔(Georges Sorel)及其党羽口中,工团主义指为了实现计划经济应该采用的一些特殊的革命手段。它表明工会不该浪费精力,在资本主义框架内谋求改善工人的处境,而是应该采取直接行动(action directe),使用坚定且不妥协的暴力,摧毁所有资本主义制度。工会绝不应该停止战斗——真实意义的战斗,除非达到最终目标——实现计划经济。无产阶级绝不容忍资产阶级诸如"自由""民主""代议政府"等谎言的愚弄。无产阶级必须在阶级斗争和革命中拯救自己,必须毫不留情地消灭资产阶级。

上述理论在现代政治中产生了巨大影响。它曾经给俄国布尔什维克主义、意大利法西斯主义和德国纳粹主义提供了一些理论基础。但是，它是一个纯粹的政治议题，因此交换学分析可以不用管它。

工团主义的第二个含义是指社会的某种经济组织方案。虽然计划经济旨在以政府拥有生产手段取代私有财产制，工团主义却希望把工厂所有权交给工厂里的工人。"铁路工人的铁路"或"矿工的矿场"这样的口号，最能表明工团主义的理念。

计划经济观念和直接行动意义上的工团主义观念都是由一些知识分子发展出来的。然而，工团主义被视为一个社会组织体制，却真正是"无产阶级心灵"的产物。它正是天真的受雇者自认为的一个既公平又便于提升自己物质幸福的手段。消灭那些懒惰无用的寄生虫，消灭企业家和资本家，把他们"不劳而获的收入"交给工人！没有什么比这更简单的事情了！

如果我们真把这种方案当回事，那就无须从干预主义的角度讨论它们了。人们必须这样理解工团主义：它既不是计划经济，也不是资本主义，也不是干预主义，而是一个自成一派，与前述三个体制都不相同的体制。然而，我们不能把工团主义的计划当回事，也从来没有人把它当回事。从来没有谁糊涂和莽撞到公开承认工团主义是一个社会体制。在经济议题的讨论中，工团主义所扮演的角色仅限于某些市场干预方案在不经意中包含了一些工团主义的特征，政府和工会干预市场以企图达到的某些目的中含有一些工团主义的元素。此外，还有基尔特社会主义（guild socialism，即行会社会主义）和社团国家主义（corporativism）拿工团主义的一些元素当添加剂，掺和到计划经济或干预主义的措施中，并借此假装避免所有计划经济和干预主义措施必然预设的"政府万能"这个前提。

第二节　工团主义的一些谬论

工团主义的根本理念在于，企业家和资本家是任性自由且不负责任的独裁者，这样的独裁者绝不能容忍。自由主义运动已经成功地以代议政府取代世袭国王和贵族的专制统治，现在必须更上一层楼，即用"产业民主"取代世袭资本家和企业家的专横。只有这样，自由主义运动才算功德圆满。经济革命必须把政治革命已经发动的民众解放运动推到最高峰。

这个论证的根本错误是显而易见的。资本家和企业家并非不负责任的独裁者，他们绝对受制于消费者至高无上的权力。市场是一个属于消费者的民主体制，工团主义者希望把它转变成一个属于生产者的民主体制。这个念头是荒谬的，因为生产的唯一目的就是消费。

工团主义者认为，资本主义制度最严重的缺点，以及（被他们污蔑和诽谤的）唯利是图者残忍无情的本性，恰恰是消费者权力至上的结果。在未受干扰的市场经济竞争下，企业家被迫不顾工人的既得利益而致力于改善生产科技方法。雇主被迫不付给工人比消费者对工作成果的估价（商品的价格）更高的酬劳。如果某个受雇者要求提高工资——因为他的妻子刚给他添了一个小宝宝，而他的雇主则以那个婴儿对工厂没有贡献为由拒绝他的要求，那么这时的雇主是以消费者的受托人的立场在行动。消费者不愿意仅因为工人有一个大家庭要养，便向其支付较高的价格购买其商品。工团主义者的天真幼稚就显现在这样的事实中：他们肯定不会答应那些为他们生产日用品的工人，同样享有他们为自己所主张的那些特权。

工团主义的原则是，要求从"未在工厂工作的股东"那里拿走所有公司的股份，然后平等地分配给雇员，而且应该停止支付贷款利息和本金。然后，"公司管理"将掌握在一个由工人推选出来的委员会手中，而这些工人现在也是股东。然而这个没收和重新分配模式，将不可能在全国或全世界范围内实现平等。按照这种重新分配的模式，人均资本投入量较大的那些企业雇员将获得更多利益，而人均资本投入量较小的那些企业雇员只能分得比较少的利益。

工团主义者在处理这些议题时，永远只提到公司管理，从来不提企业家的行动，这个事实颇具特殊意义。在普通员工眼中，成功的经营无非就是完成那些在企业家的计划框架内委托管理阶层处理的辅助性任务。在工团主义者看来，每一座工厂或每一个车间都是永久性的机构，它们永远不会改变，永远只生产同样的产品。工团主义者完全忽略了一个事实，即市场处于不断的变化中，因此，产业结构必须每天调整以解决新问题。工团主义者的世界观是停滞的，完全没考虑新产业部门的建立、新产品的研发以及制造旧产品的新方法。工团主义者就这样忽略了企业家要解决的基本问题：提供新产业以及已经存在的旧产业的扩张所需要的资本，缩减产品需求下降的产业部门投入的资本，提供生产技术改良所需的资本。把工团主义叫作目光短浅者的经济哲学，或者叫作顽固不化保守者的经济哲学，似乎并无不当之处。这些保守者对任何创新都不屑一顾，他们的嫉妒心完全蒙蔽了他们的正常心智，甚至会去诽谤、诅咒那些向他们提供更多、更好和更便宜产品的人。就好比医生成功地治愈了他们的顽疾，他们却怀恨在心，嫉妒医生所取得的成功。

第三节　一些流行政策中的工团主义元素

工团主义的流行表现在当代经济政策的各种假设中。这些政策的本质永远是：为了让少数群体享受特权而牺牲绝大多数人的利益。它们将永远损害多数人的财富和收入。

许多工会致力于限制他们所属行业雇用的工人数量。虽然社会大众想要更多更便宜的书籍、期刊和报纸，而且在劳动市场未受干扰的情况下，社会大众也肯定会获得这些东西，但是印刷工人会阻止新人到印刷厂上班。其结果当然是工会会员赚到的工资增加了，但附带的结果却是那些被拒绝加入印刷工会的工人的工资下降，以及出版物的价格上升。工会反对利用技术进步以及反对各种增加工人的生产方法，也会导致相同的结果。

极端的工团主义主张完全取消给股东的分红和给债权人的利息。而干预主义者则热衷于折中的解决方案，希望借由支付一部分利润给受雇者来安抚工团主义者。"利润分享"现在是一个非常流行的口号。这句口号背后的哲学所隐含的种种谬误无须再次详细讨论，我们只需要指出这样的体制必然会导致的一些荒谬后果就够了。

对一个小商店或雇用高技能人才的企业来说，如果生意赚钱的话，给雇员发奖金有时候也许是一个好主意。在个别情况下，对个别厂商而言，这也许是一个明智的决定，但把它推而广之，使其成为制度，那就犯下了推理错误。主张一个焊工应该多赚一点，因为他的雇主赚到了高额利润，而另一个焊工应该少赚一点，因为他的雇主没赚到高额利润或甚至完全没利润，是没有任何道理的。工人肯定会强烈反对这种支付酬劳的办法，这种办法也维持不了很久。

利润分享方案有一个滑稽的变体，即最近纳入美国工会政纲的所谓"支付能力"原则。利润分享方案旨在把一部分已经赚到的利润分给雇员，然而，支付能力方案却要求按照企业外部的旁观者所认为的把雇主将来可能赚到的利润分一些给雇员。这个议题因为杜鲁门政府的介入而变得更加混乱。在接受工会的新教条后，杜鲁门政府宣布，它正在指派一个"事实考察"委员会检查某些雇主的账簿，以确定他们是否有能力支付更高的工资。然而，账簿提供的信息只可能是过去的成本和收入，以及过去的利润和亏损。那些关于未来的产量、未来的销售量、未来的成本、未来的利润或亏损等的估计则不是真实的，而只是投机性质的预测。没有"关于未来的利润"这种事。[1]

工团主义的理想根本不可能实现。按照该理想，企业的收入应该全部分给雇员，什么都不该留下来，以支付已投入资本的利息和利润。如果希望废除"不劳而获的收入"，那就必须采纳计划经济。

第四节　基尔特社会主义和社团国家主义

基尔特社会主义和社团国家主义源自两个不同的思想路线。

---

[1] 参见 F.R. 费尔柴尔德（F.R.Fairchild）的《利润与支付工资的能力》（*Profits and the Ability to Pay Wages*）（哈德逊河畔欧文顿，1946年），第47页。

长久以来，那些称颂中世纪制度的人一直赞美基尔特是一个卓越的制度。他们说，要清除市场经济所谓的种种弊端，只需找回往昔久经考验的那些办法。然而，所有的抨击一直没什么效果。这些批评者从未尝试具体说明他们的建议，从来未就如何重建社会的经济秩序详细阐述明确的计划。他们充其量仅能指出，相对于现代议会组织，从前像法国的三级会议（États-Généraux）和德国的稳定议会（Ständische Landtage）那种准代表会议如何优越。但是，即使就这个宪政议题而言，他们的理念也是相当模糊的。

基尔特社会主义的第二个思想起源于英国特定的政治情况。当英国和德国冲突加剧，最后导致1914年的战争时，年轻的英国社会主义者开始对他们的纲领感到不安。当他们自己的国家在对德国进行残酷的斗争时，费边主义者盲目的国家崇拜以及他们对德国与普鲁士制度的赞扬，的确是不合时宜且诡异的。如果连本国最"进步的"知识分子都渴望采纳德国的社会政策，那么它还和德国打什么仗呢？是否他们可能一方面赞美英国的个人自由（相对于普鲁士的集体奴役），而另一方面又推崇俾斯麦及其继任者的政策呢？英国的社会主义者憧憬一个尽可能不同于日耳曼模式的英国特色社会主义。这个问题就是：如何构建一个不存在极权国家政府至上的社会主义方案，一个兼容个人主义的集体主义？

这个问题是不可能有答案的，其难度不亚于构建一个只有三个角的正方形。然而，牛津的这群英国年轻人却信心满满地尝试解决这个问题。他们从一群不怎么出名的中世纪讴歌者处借来"基尔特社会主义"的名字，并这样称呼他们自己的方案。他们把自己建议的方案说成是产业自治，是最著名的英国政治原则——"地方自治"应用在经济中的必然结果。在他们的各个计划中,他们把领导角色交给工会这个英国最强大的压力团体。他们尽一切努力使他们的计划适合英国人的口味。

然而,不管是这些悦耳的修辞还是刺耳的宣传,都未能误导聪明的人们。这个计划是矛盾的、明显行不通的。没过几年,它便在它的发源国被人忘得一干二净。

但是,后来它却在国外复活了。意大利的法西斯主义者迫切需要一个自己的经济方案:他们不再摆出计划经济者的姿态。然而,作为所向无敌的罗马兵团骄傲的后裔,他们也不愿意对西方的资本主义或对普鲁士的干预主义让步。在他们看来,那些都是曾经把他们光荣的帝国摧毁的野蛮民族的虚假意识形态。他们在寻找一个专属于意大利人的社会哲学。他们是否意识到他们的福音只是英国基尔特社会主义的一个仿制品是无关紧要的。无论如何,社团国家(stato corporativo)不过是基尔特社会主义的修订版。两者之间的差异只在于一些可以忽略的细节。

法西斯主义者通过宣传活动,肆意宣扬社团国家主义,并因此获得了压倒性的成功。外国的许多写手热情洋溢地对这个新体制的一些奇迹般的成就表示推崇和赞美:奥地利和葡萄牙政府强调矢志不渝地坚定支持社团国家主义的高贵理念。教皇发表于1931年的《四十年》通谕中,有一些段落可以(但不必)被解释为赞同社团国家主义。无论如何,许多信奉天主教的作家在教会当局批准出版的一些书籍里支持这样的解释。

然而,不管是意大利法西斯主义者,还是奥地利和葡萄牙政府,都从未认真地尝试实现社团国家主义的乌托邦。意大利法西斯主义者给各个不同的机构或团体贴上"社团国家主义"的标签,譬如,把各大学的"政治经济学"讲席改为"经济、政治与社团"（economia politica e corporative）讲席。但是，从未出现社团国家主义大肆宣扬的工商产业各个部门自治的影子。首先，法西斯政府同样坚持那些干预主义经济政策原则；后来，它逐步走向德国版的计划经济，即国家全面控制经济活动。

基尔特社会主义和社团国家主义的根本理念，都是每个产业部门各自组成一个独占团体，这个团体被称为"基尔特"（guild）或"公会"（corporazione，意大利文的"基尔特"）。[1] 这个团体享有完全自治的权力，它可以自由地安排所有内部事务，而不受外部因素和非基尔特成员的干扰。各个基尔特之间的相互关系，直接由基尔特与基尔特的协商或由所有基尔特的代表大会决议来安排。在正常情况下，政府完全不介入。只有在一些例外的情况下（当某些基尔特之间无法达成协议时）才会要求政府介入。[2]

在研究这个构想时，基尔特社会主义者想到了英国地方政府的情况以及英国各地方政府与中央政府之间的关系。他们的目标是各产业部门自治。用一句韦伯夫妇所说的话就是，他们想要"每个行业都拥有自决的权利"[3]。就像每个自治城市治理地方事务，而中央政府只处理那些关系到全国利益的事务那样，

---

[1] 对基尔特社会主义最详尽的描述可以参见西德尼（Sidney）和比阿特里斯·韦伯（Beatrice Webb）的《大不列颠社会主义宪法》（*A Constitution for the Socialist Commonwealth of Great Britain*）（伦敦，1920年）；关于社团国家主义，最好的著作参见乌戈·帕皮（Ugo Papi）的《普通经济学和企业经济学课程·第三卷》，(*Lezioni di Economia Generale e Corporativa*, Vol. III)，（帕多瓦，1934年）。
[2] 这句话的原文是墨索里尼于1934年1月13日在参议院宣布的："只有在各方没有找到达成一致和平衡的方法时，国家才能进行干预。"（帕皮在《普通经济学和企业经济学课程·第三卷》的第225页引述了这句话。）
[3] 参见《大不列颠社会主义联邦宪法》第277页。

基尔特应该有独自处理其内部事务的权限，而政府应该仅介入基尔特本身无法解决的那些事务。

然而，在一个社会分工合作体系里，没有什么事务仅仅涉及在某个特定工厂、企业或产业部门从事工作的那些人，而与外人毫无关系。没有哪个基尔特的内部事务的安排对整个国家不会产生影响。任何产业部门不仅仅服务于那些在该部门里工作的人，也服务于社会上的其他人。在任何产业部门内，如果发生了无效率的事情，如果浪费了稀缺的生产要素或者不愿意采取最适当的生产方法，则每个人的物质利益都会受到伤害。至于生产科技方法的选择、产品数量和质量、工作时间以及其他事情，不能任由基尔特的成员决定。在市场经济里，企业家在做这些决定时，会绝对服从市场法则，他对消费者负责。如果他蔑视消费者的命令，那么自己就会蒙受亏损，他的企业家地位很快就会丧失。但是，独占性质的基尔特无须担心竞争，它享有不可剥夺的权利，可以全面保护自己的生产领域。如果任由它独立自治，它就不是消费者的仆人，而是他们的主人。它可以自由采取一些做法让它的成员获益，而牺牲非成员的利益。

在基尔特内部是否仅由工人统治，或者在某一程度内，资本家或前任企业家也和工人一起参与管理事务，那是无关紧要的。同样无关紧要的是，基尔特的决策委员会是否会保留一些席位给消费者代表。真正重要的是，基尔特如果有自主权，那就没有什么压力可以迫使它调整运作方式以满足消费者的需求。它可以自由选择优先照顾其成员的利益，而把消费者的利益放在后面。在基尔特社会主义和社团国家主义的方案中，找不到任何东西显示"生产的唯一目的是消费"这一事实。事情被颠倒过来，生产本身变成了目的。

当美国的"新政"考虑成立国家复兴总署计划时，执政当局和相关智囊团充分意识到，他们所计划的只是建立一个便于让政府全面控制经济活动的行政机构。基尔特社会主义者和社团国家主义者的短视就在于，他们相信独立自主的基尔特是一个可以让社会合作秩序正常运行的办法。

对每个基尔特来说，确实很容易以某个方式安排所谓的内部事务，并让它的成员完全满意：缩短工作时间，提高工资率，不再采用让成员觉得不便的生产技术方法，不再提高产品质量，等等。但是，如果所有基尔特都采取这种政策，那么结果又将是什么呢？

在基尔特体制下，不再需要讨论市场，不再有任何交换学意义上的价格：既没有竞争性价格，也没有独占价格。那些独占生活必需品供给的基尔特获得了独裁者的地位。不可或缺的食品和燃料的生产者以及电力和运输服务的供给者，可以不受惩罚地压榨全体民众。有谁会认为，多数人愿意忍受这样的情况呢？毫无疑问，任何企图实现社团国家主义的尝试，都将在极短的时间内导致激烈冲突，除非当一些至关重要的产业滥用基尔特权利时政府立即介入加以干预。于是，这些教条主义者视为例外的措施——政府干预——将变成通则。基尔特社会主义和社团国家主义将变成：政府全面控制所有生产活动。它们势必会变成普鲁士模式的计划经济，而这正是它们的设计者想要极力避免的那种体制。

这里无须处理基尔特社会主义的其他缺陷，它的缺陷和其他工团主义方案一模一样。它从未考虑资本和劳动从一个部门移转至另一个部门的问题，从未考虑兴建新生产部门的问题。它完全忽略了储蓄和资本积累。总之，它是在胡说八道。

第三十四章 战争经济学

第一节 全面战争

市场经济隐含或预设了和平合作。当平民变成战士而彼此争斗，也不再彼此交换商品和服务时，市场经济便破裂了。

原始部落之间的那些战争不会影响分工下的合作。大体上，在战争爆发前，交战各方不存在合作关系。那些战争是无限制的或全面的战争，它们的目的是一方的绝对胜利和另一方的彻底失败。被击败的一方要么被灭绝，要么被赶出他们的聚居地，要么被收为奴隶。这些交战者没想到，或许可以缔结一个能够解决冲突的条约，让双方活在和平友善的环境中。

征服的精神不受任何限制，除非遇上另一个能成功抵抗它的力量，让它屈服于某些限制。缔造帝国的原则是尽可能扩大霸权范围。那些伟大的亚细亚征服者和罗马帝国的皇帝，只有当他们的军队不能再向前推进之时才能被阻止。这时，他们会推迟进攻，以待来日。他们从未放弃自己的野心，永远认为独立的国家除了是他们日后攻伐的目标，什么也不是。

这个无止境的征服哲学也鼓舞了那些中世纪的欧洲统治者。他们起先也想尽可能地扩张他们的王国，但是，封建制度只提供了捉襟见肘的战争手段。诸侯没义务长时间为君主打仗。自私自利的诸侯坚持本身的权利，从而抑制了国王的侵略野心。因此，几个主权国家和平共存的情况便产生了。16世纪，有一个名叫博丹（Bodin）的法国人发展出了一个关于主权国家的理论。17世纪，一个名叫格劳秀斯（Grotius）的荷兰人给这个理论补充了一个关于战争与和平时期的国际关系理论。

随着封建制度的解体，君主不能再靠征召诸侯获得军事服务了，于是君主将军队"国家化"。从此以后，战士便成为国王的佣兵。军队的组织、装备和给养花费较高，对统治者的财政来说是一个沉重的负担。君主的野心是无止境的，可是财政收入迫使他们控制侵略的欲望。他们不再想要征服整个国家，他们想的只是征服少数几个城市。想征服得更多在政治上也是不明智的。因为各个欧洲强国时时刻刻在小心提防它们当中的任何一个变得过于强大，从而威胁到自己的安全。一个太过急躁的征服者必定总是要担心一件事：所有因为他的强大而感到惊慌的君主团结起来对付他。

所有这些军事的、财政的和政治的因素组合起来，便产生了欧洲在法国大革命前300年间那种常见的有限战争。参与战争的只是相对少数的职业军人组成的军队。战争不是一般平民的事情，它只和统治者有关。平民讨厌战争，因为战争会带给他们损害，让他们负担各种税负，他们是遭到池鱼之殃的受害者。平民维持的"中立"身份甚至让交战的军队也对其表示尊重,在这些军队看来,它们战斗的对象是敌军的最高统领,而不是非战斗人员。在欧洲大陆进行的战争中,人们认为平民的财产是不可侵犯的。1856年的巴黎会议尝试把这个原则扩大到海上战争。渐渐地,越来越多的智者开始讨论完全废除战争的可能性。

通过审视有限战争的制度发展情况,哲学家发现战争一无是处。战争的危害包括:人遭到杀害或身体残疾,财富被剥夺,家园遭到破坏,而这只是为了让国王和寡头统治阶级获益。即使战争胜利,一般平民也得不到任何好处:即便统治者兼并了某个城市,扩大了统治领域,一般平民也不会增加财富。对民众来说,战争有百害而无一利。武装冲突的唯一原因是独裁统治者的贪婪,以代议政府取代国王专制统治将终止战争。民主政体是和平的,对所有民主政体来说,国家的主权范围如何延伸无关紧要。民主政体将公正、客观地处理领土问题,并将和平地解决这些问题。要使和平持久,需要做的就是推翻专制君主。当然,这个目标不可能以和平手段达成,必须以暴力粉碎国王的佣兵部队。但是,各国民众反抗专制统治者的革命战争将是最后的战争,是消灭战争的战争。

这个想法,在法国大革命的那些领袖击退了入侵的奥地利和普鲁士军队后,反过来对这两个国家发动攻击时,便已经朦朦胧胧地出现在他们的脑海里了。当然,他们在拿破仑的领导下很快便采取了最狠毒的无限扩张和兼并方法,直到所有欧洲列强团结起来挫败他们的野心。持久和平的想法很快重新燃起,它是19世纪自由主义思想体系的主要论点之一,在被滥用的英国曼彻斯特学派的理论中得到了阐述。

这些英国自由主义者和欧洲大陆同好的思想足够敏锐，他们都意识到，要确保持久和平，仅仅有民主政体是不够的，还需要无限自由的民主政体。在他们看来，自由贸易不管是在国内事务还是在国际关系上都是保持和平的必要前提。在一个没有贸易和移民障碍的世界里，将不再有战争和征服其他国家的诱因。他们完全相信，自由主义的这些理念具有无可辩驳的说服力，因此抛弃"发动最后的战争以废除所有战争"的念头。他们认为，各国民众将自动自发地获得自由贸易与和平的祝福，并将在制止他们本国的专制独裁者的行动中挺身而出，无须外国提供任何援助。

大多数历史学家未能意识到，究竟是哪些因素把旧制度时期的"有限"战争转变成我们这个时代的"无限"战争。在他们看来，这个改变随着王朝形态的政府转变成现代国家形态的政府一起到来，是法国大革命的一个结果。他们只注意到一些附带现象，却搞混了因果关系。他们谈到军队的组成，谈到战略和战术原则，谈到武器和运输设施，以及许多军事技术和行政组织方面的操作细节。[1]然而，所有这些事情都未能解释现代国家为什么偏爱侵略甚于和平。

对于全面战争是侵略性民族主义的一个衍生物这一看法，没有人有异议，但是，这只是一个循环论证。我们把侵略性民族主义称为导致现代全面战争的意识形态。其实，侵略性民族

---

[1] 关于战争性质的转变，解释得最好的一本书是《现代战略的缔造者：从马基雅维利到希特勒的军事思想》(*Makers of Modern Strategy, Military Thought from Machiavelli to Hitler*)（普林斯顿大学出版社，1944年），特别是帕尔默（R.R.Palmer）的文章，见第49—53页。

主义是干预主义政策和国家计划的必然衍生物。自由放任会消除国际冲突的肇因，而政府干预市场则会制造出一些无法和平解决的争端。在自由贸易和自由移民的情况下，没有哪个人在乎本国的领土大小。而在经济民族主义的保护措施下，几乎每一个领土议题都关乎每个公民的重大利益。对公民来说，本国政府统治的领土扩大，意味着他的物质生活条件得到了改善，或者至少会使他免受某个外国政府针对他个人福祉所施加的限制。把王室佣兵部队之间的有限战争转变成全面战争和民族之间的兵戎相向，不是军事技术，而是"福利国家"政策取代了"自由放任"的哲学，并成为主流的国家意识形态。

如果拿破仑一世达成了他的目的，那么法兰西帝国延伸的范围将远远超过1815年的疆界。西班牙和那不勒斯将由出身自波拿马-缪拉（Bonaparte-Murat）王室的国王统治，而不是由另一个法兰西王室——波旁的国王统治。卡塞尔（Kassel）的王宫将由某个法国花花公子占据，而不是恶名昭彰的黑森（Hesse）侯室的某个成员占据。所有这些事情将不会使法国平民更富裕。同样，普鲁士平民也不会因为他们的国王于1866年把汉诺威（Hanover）王室内的两个堂表兄弟黑森-卡塞尔（Hesse-Kassel）和拿骚（Nassau）逐出奢华的官邸，而得到什么好处。但是，如果希特勒实现了他的计划，所有德国人便有望享受更高的生活水平。当时德国人深信，消灭法国人、波兰人和捷克人将使他们本族的每个成员变得更富有。为更多生存空间（lebensraum）所进行的斗争是每个德国人自己的战争。

为数众多的主权国家在"自由放任"的环境中是有可能和平共存的。但在政府控制工商业的情况下，和平共存就会变得不可能。威尔逊总统的可悲之处就在于，他忽视了这个根本要点。现代化的全面战争和昔日王朝之间的有限战争并没有任何共同之处。现代化的全面战争是针对贸易和移民障碍的战争，是人口相对过多的国家针对人口相对较少的国家所进行的战争。它是为了废除某些制度而发动的战争，因为这些制度阻碍了工资率在全世界范围内出现均等化的趋势。它也是在贫瘠土地上耕作的农夫针对某些政府的战争，因为这些政府使他们没机会耕作比较肥沃的休耕地。总之，它是那些被剥削得"什么都没有的"工人和农夫，针对他们认为享有特权而"富有的"他国工人和农夫所发动的战争。

承认这个事实并不表示，在战争胜利后，侵略者所抱怨的那些弊端就会消除，也不表示消除移民障碍就可以安抚侵略者。在目前的情况下，如果美洲和澳大利亚允许德国、意大利和日本的移民入境，那么这将只是如开门迎敌一般迎来敌军的先锋部队。

寄望于条约、会议和诸如国际联盟、联合国这种官僚组织是没用的。全权代表以及在办公室处理文书的专职人员，显然不敌意识形态的力量。要扑灭征服的欲望，官方文件是无能为力的，需要的是意识形态和经济政策方面的根本改变。

第二节　战争和市场经济

干预主义者说，市场经济充其量只是和平时期可以容忍的一个制度，一旦战争来临，这样的纵容是不允许的，因为它只会增加资本家和企业家所关注的自身利益，将危及至关重要的国家利益；战争，尤其是现代化的全面战争必然需要政府全面接管工商业。

几乎没有人敢挑战这个信条。在两次世界大战期间，该信条为政府干预工商业的所有措施铺路，把许多国家逐步带到彻底的"战时计划经济"体制。而当战争结束后，又有一个新的口号被抛出来。人们声称，从战争阶段过渡到和平阶段，乃至"恢复原状"期间甚至要比战争期间需要更多政府管制。他们还说，为什么要恢复一个充其量只能在两次战争的间隔期间才行得通的社会体制呢？最适当的做法无疑是永远坚持政府管制，以便随时做好准备，应对可能发生的任何紧急情况。

只要对第二次世界大战期间美国不得不面对的那些问题稍加剖析，我们便可清楚地认识到这种推论犯了多大的错误。

为了赢得战争，美国当时必须彻底转变所有国内生产活动，一切非必要的平民生活消费都必须被取消，所有工厂和农场只能生产最低限度的非军用产品，至于其他人则必须完全致力于供应军需。

执行这个方案并不需要建立各种管制和安排重点配给顺序，只要政府向平民征税或向平民借钱，来筹集战争所需的一切资金，平民的消费就不得不大幅削减。因为向平民需要的商品销售数量下降，企业家和农夫转向为满足政府的需要而生产。而随着税收和借款的流入，政府现在成为市场上最大的买家，它能够获得它所需要的一切东西。即使政府选择通过增加流通中的货币数量，以及向商业银行贷款，来支付相当大的一部分战争费用，也改变不了政府独大的市场情况。当然，通货膨胀必然会导致所有财货和服务价格显著上涨，政府因此必须支付较高的名义价格。但是，它仍将是市场上最有偿付能力的买家，仍然能够以较高的出价胜过一般平民的竞争。因为一方面，平民没有权利印制竞价所需的钞票；另一方面，平民口袋里的钞票将因沉重的税收被压榨殆尽。

但实际上，美国政府却故意采取了一个必然违背未受干扰的市场运作的政策：诉诸价格管制，使平民提高商品价格成为非法行为。此外，政府不愿对因通货膨胀而虚涨的民间收入及时征税。它屈服于工会的主张，承认工人的实际净收入应该维持在一定水平，以使工人在战时也得以维持战前的生活水平。事实上，美国这群人数最多的阶级，这群在和平时期消费绝大部分消费财的阶级，其口袋里的钱比战前还多了很多，以至于他们的购买力和消费能力远高于战前。这些赚取工资者（在某种程度上也包括农夫和为政府生产的工厂业主）会挫败政府引导产业转向战争物资生产的努力。赚取工资者的购买力诱导工商业生产更多在战时被认为非必要的奢侈品，而不是更少。正是这种情况迫使美国政府采取战时产品和原料的重点配给制。美国政府为了筹集战争经费所采取的方法使政府管制工商业具有必要性。如果未曾采取通货膨胀手段，如果通过征税把所有平民（不仅是那些享有较高收入者）的（税后）收入削减至战前收入的一小部分，那么这些管制就是多余的了。认可工会的教条，甚至赞同工人在战时的实际收入必须高于平时，当然会使这些管制成为不可避免的趋势。

其实，供美军及其盟军协同作战所需并终于赢得战争的那些物资装备，既不是政府命令来的，也不是政府官员的公文供应的，而是来自私营企业的贡献。经济学家没有从这些历史事实中得出任何推论。不过，由于干预主义者非要我们相信"一道禁止使用钢铁建造公寓的命令，可以自动生产出飞机和战舰",所以在这里趁机提一下这些事实,未尝不是一件有启发意义的事。

根据消费者需求的变化来调整生产活动,是利润的来源。先前的生产活动状态和符合新需求结构的生产活动状态之间的差距越大,所需的调整幅度就越大,而完成这些调整最成功的那些企业家所赚得的利润也就越大。和平突然转变成战争,市场结构发生了天翻地覆的变化,剧烈的调整不可避免,而这种调整对许多人来说正是高利润的一个来源。计划经济者和干预主义者认为,这种利润是一件令人感到羞耻的丑事,在他们看来,战时政府的首要责任是防止出现新的百万富翁。他们说,当一些人殉国或因受伤而残废时,容许某些人变得更富有是不公平的。

战争中可没什么是公平的,上天眷顾强大的兵团,这是不公平的;装备好的一方击败装备差的一方,这是不公平的;前线战士默默无闻地流血牺牲,而指挥官舒舒服服地待在距离战壕数百英里远的总部浪得虚名,这是不公平的;张三殉职,李四拖着残躯了此余生,王五则平安无恙地回家安享退伍军人的所有特权,这也是不公平的。

我们可以承认,战争使那些对军队装备最有贡献的企业家大发横财,是不公平的,但是,如果否认利润诱发他们生产最好的武器,那就太愚蠢了。并不是苏联以战时租借的方法援助资本主义的美国。在美国制造的炸弹落在德国之前,在苏联人获得美国大企业制造的武器之前,苏联人可是在悲惨地连吃败仗。战争中最重要的事情,不是避免出现超额利润,而是给本国士兵和水手提供最好的装备。一个国家最可怕的敌人是一些心怀恶意的煽动家,他们把个人的嫉妒置于国家的重大利益之上。

当然，长期而言，战争和市场经济是不相容的。资本主义基本上是一个为和平国家所设想的制度，但这不是说，一个不得不挺身击退外来侵略者的国家，必须以政府管制取代私人企业。它要是这么做，就等于自动放弃一个最有效率的防卫手段。历史上未曾有计划经济国家击败资本主义国家的记录，尽管德国人采取了被津津乐道的战时计划经济，但他们在两次世界大战中都被打败了。

战争和资本主义不相容，这句话的真正意思是，战争和高度文明不相容。如果资本主义的生产效率被政府导向生产毁灭性的战争武器，私人企业的聪明才智便会制造出强大到足以摧毁一切的武器。战争和资本主义不相容的原因，恰恰是资本主义生产模式无与伦比的效率。

市场经济受制于个人消费者的"主权"，让企业生产出使个人生活更惬意的产品，它可以迎合个人希望生活得更舒服的需求。正是这一点，使资本主义在崇尚暴力的人眼中是卑鄙的。他们崇拜"真英雄"，崇拜破坏狂和杀人魔，鄙视资产阶级及其"小贩思想"。如今，人类正在饱尝这些宣扬暴力的人所播下的恶果。

第三节　战争和经济自给自足

如果一个经济上自给自足的人和另一个同样自给自足的人发生争执，那么不会有特殊的"战争经济"问题产生。但是，如果裁缝师对面包师开战，他此后就必须自己生产面包；如果他小看此事，那么他将比他的敌人——面包师更快陷入绝境。因为相对于裁缝师等待新鲜面包的时间，面包师花得起更长的时间去等待新衣服，所以，战争的经济问题对面包师和裁缝师来说是不同的。

国际分工体系是在预设没有战争的环境下发展起来的。在曼彻斯特学派的学说中，自由贸易与和平是彼此互为前提的两个条件。使贸易变成国际贸易的商人是不会去想国际可能发生战争的。

而从前各国的总参谋部以及研究战术的学者，也完全没注意到国际分工所引起的情况变化。战争科学的传统研究方法在于检视过去的战争经验，并希望从中归纳出一般规律。再怎么严谨地研究，也不可能从蒂雷纳（Turenne）和拿破仑一世的各次战役中找出现代战争会遇到的关键问题，因为这些关键问题在以前国际分工不明显的年代是不会碰到的。

欧洲的军事专家忽视了对美国内战的研究，在他们眼中，这场战争没有什么启发意义。它是一次由非职业的指挥官领导非正规军的战争，连林肯这样的平民也可以指挥军队。他们认为，从该战争中不可能学到什么经验。但是，正是在美国南北战争中，区域间的分工首次发挥了决定性的作用。美国南方是以农业为主的区域，它几乎没有加工制造业。美国南部联邦靠从欧洲进口商品向军队提供补给。由于美国北方联盟的海军力量足够强大，足以封锁南方的海岸线，于是南方很快便缺少所需的补给品。

在两次世界大战期间，德国人也面临相同的情况。他们也依赖来自海外的粮食与原料供给，也突破不了英国的海上封锁。两次世界大战的结果都由大西洋的战役决定。德国人输掉了战争，因为他们未能截断英伦三岛和世界市场的畅通联系，也未能保护自己的海运供给线。这个战略问题取决于国际分工情况。

即使外贸情况对德国不利，德国的主战派仍决心采取一些政策以保持德国的作战能力，他们的万灵丹是代用品（Ersatz）。

所谓的代用品是一个和它想取代的东西相比，较不适合或较贵的东西，或者是较不适合且贵的东西。事实上，当高科技成功地制造出或发现某个比先前所使用的东西更适合或更便宜的新东西时，这就代表了科技创新。这个新东西是科技进步的产品，而不是代用品。代用品的基本特征（就这个名词在军事方面的意思而言）不是质量较差就是成本较高，也可能两者兼具。[1]

德国的"战争经济学"教条（Wehrwirtschaftlehre）声称，在战争问题上，生产成本也好，质量也罢，它们都不重要。营利性企业既关心生产成本，也关心产品的质量。但是，优等民族的英雄气概使得人们不在乎那些汲汲营营于蝇头小利的人所经常挂怀的这些东西，对他们而言唯一重要的就是做好战争准备。一个好战的民族必须努力达到经济上的自给自足，才能不依赖对外贸易。不管拜金主义的顾虑是什么，它都必须促进各种代用品的生产。政府必须全面控制生产，因为平民的自私自利将挫败国家领袖的计划，即使在和平时期，也必须赋予国家最高领袖经济独裁的权力。

代用品理论的两个定理都是荒谬的。

---

[1] 从这个意义来说，在进口关税的保护下，德国境内生产的小麦也是代用品，因为它的生产成本比外国的小麦高。"代用品"这个概念是一个交换学的概念，绝不可根据东西的科技性质或物理性质来定义。

第一，认为代用品质量较差或不好用并不重要是不正确的。如果派上战场的士兵营养不良，而且武器装备也是由残次材料做成的，那么取得胜利的机会就比较渺茫。他们的作战行动也很难成功，反而会造成比较大的伤亡。他们一旦意识到自己的体能和装备不如敌方，也会产生严重的心理负担。代用品不仅会损害军队的实际战斗力，也会弱化军队的士气。

第二，说生产成本较高并不重要也同样是不正确的。代用品的生产成本比较高，意味着生产的代用品要达到对手生产的产品的效果，就必须花费较多劳动和较多物质类的生产要素。这等于浪费稀缺的生产要素，包括物资和人力。这样的浪费，在和平时期会导致人民生活水平的下降，而在战争时期则会削减军事操作所需的物资供给。毫不夸张地说，以目前的科技知识水平，每一样东西都可以用别的东西生产出来，但重要的是，要从海量的生产方法中挑出单位投入产出最高的那些方法。任何偏离这个原则的方法都是在自讨苦吃，这种方法的后果，在战时和平时都一样恶劣。

像美国这样的国家，对海外原料进口的依赖程度可以说是微不足道的，它们可以通过生产一些，譬如合成橡胶这样的代用品来加强战备。利害权衡之下，对他们不利的效果是很小的。但是，像德国这样的国家，如果以为它能以合成汽油、橡胶、代纺织品、代油脂等代用品来征服这个世界，那就错得太离谱了。在两次世界大战中，德国都宛如那个和他的面包师作战的裁缝师，纳粹再怎么残暴野蛮都改变不了这个事实。

第四节　战争无用

人之所以异于一般动物，就在于他领悟到分工合作的好处。人抑制他天生的侵略本能，以便和他人合作。他越想改善自己的物质幸福，就必定越想扩大分工体系，也就必定越来越限制自己采取军事行动的范围。国际分工体系的出现和发展以完全废除战争为前提。这就是曼彻斯特学派自由放任哲学的精髓。

当然，这个哲学和国家崇拜是互不相容的。在自由放任的哲学框架中，国家这个执行暴力镇压的社会机构被赋予了保护市场经济顺畅运作的任务，从而使市场经济免受危害社会安宁的个人和团伙的侵扰。国家的这种功能是必要的、有益的，但是，这毕竟是辅助性的功能。没有理由把警察权力当作偶像崇拜，没有理由认为它是无所不能、无所不知的。它肯定有做不到的事情：它做不到使生产要素稀缺的情况消失不见，做不到使人们更富裕，做不到使劳动更有生产力。它所能做到的只是防止匪徒阻挠那些下定决心要增加物质幸福的人们的努力。

在边沁和巴斯夏的哲学尚未得偿所愿时——消除贸易障碍和政府干预工商业，提倡国家神圣的"伪神学"已开始风行。企图以政府命令改善赚取工资者和小农处境的各种措施，必然使各个国家的经济联系变得越来越松散。经济民族主义——国内干预主义必要的互补教条，会伤害外国民众的利益，从而引起国际冲突。这会使人们决心以战争改变这个不令人满意的状态。一个强国为什么要容忍一个弱小国家的挑衅呢？弱小的 L

国若不是傲慢无礼，怎么会以关税、移民障碍、外汇管制、贸易数量管制以及没收 R 国在 L 国的投资来伤害 R 国的民众呢？对 R 国的军队来说，要碾压 L 国那一支不足为虑的部队，何其容易！

这就是德国、意大利和日本等国内好战分子的意识形态。我们必须承认，就新的"非正统"学说观点而言，他们的思想逻辑是自洽的。干预主义会产生经济民族主义，而经济民族主义则产生好战心态。如果他国阻止我方的民众和商品跨越国境，我方军队何尝不能试着为它们铺平道路呢？

从 1911 年意大利袭击土耳其开始，这个世界便烽火不断，几乎一直有地方在发生战争。过去签订的那些和平协议实际上只是停火协议，而且它们也只和列强的军队有关。一些弱小的国家永远都处于战争之中。此外，还有不少同样致命的内战和革命。

我们现在的情况与国际法规则首次提出来时那个有限战争的年代的距离是多么遥远。现代战争是无情的，不会放过孕妇和婴儿，它不分青红皂白地杀戮和破坏，它也不尊重中立者的权利。数百万人被杀害、被俘虏，或被驱逐出他们和祖先已经生活了好几个世纪的居住地。无止境的战争下一步将发生什么，谁也不能预言。

这和原子弹无关。战争祸害的根源不在于制造更新、更可怕的武器，而在于征服的精神。将来科学家有可能发现某些防卫原子弹的方法，但是这也改变不了大趋势，也仅仅能使人类文明遭到彻底毁灭的历史过程稍微延长一点罢了。

现代文明是自由放任哲学的产物，在政府万能的意识形态下，现代文明是不可能保留下来的。国家崇拜的信仰大多得归因于黑格尔的学说。然而，我们也许可以放过黑格尔许多不可原谅的过错，因为他也创造出了值得传颂的名言："胜利无用。"（die Ohnmacht des Sieges）[1] 击败侵略者不足以维护持久和平，重要的是，人们要抛弃能够产生战争的意识形态。

---

[1] Cf. Hegel, , ed. Lasson (Leipzig, 1920), IV, 930-931. 参见黑格尔的《世界历史哲学讲义》(*Vorlesungen über die Philosophie der Weltgeschichte*)（莱比锡，1920 年），第四卷，第 930—931 页。

第三十五章　福利原则与市场原则之争

第一节　反对市场经济的理由

　　各个社会政策学派（Sozialpolitik）提出来反对市场经济的理由所根据的理论都是错得离谱的经济学。他们一再重复经济学家早就揭穿和推翻的那些错误。他们把一些反资本主义政策所引起的后果全部归咎于市场经济，而那些政策正是他们自己所鼓吹的必要的和有益的改革。他们把干预主义必然挫败的责任硬推给市场经济。

　　但这些宣传者终究必须承认，市场经济不像"非正统的"学说所渲染的那么不堪。市场经济不负众望，天天致力于增加产品数量和改善产品质量，从而创造了空前的财富。但干预主义的捍卫者说，从社会发展的观点来看，市场经济不够好，因为它还未消除贫穷与资源匮乏，而只让少数上层富有阶级享受特权，并因此牺牲了绝大多数人的利益，所以，市场经济是一种不公平的制度。我们必须以福利原则取代利润原则。

为了便于论证，我们也许可以试图解释一下福利的概念，以使绝大多数非禁欲主义者可以接受。我们的尝试越成功，福利概念便越会被剥除更多具体的意义和内涵，最后变成人的行为的基本元素，即"渴望尽可能消除不适感"的另一种表述。由于人们普遍领悟到这一目标可以通过社会分工更容易实现，甚至是唯一能实现的方法，所以人们会在社会纽带的框架内合作。社会人和自给自足的人不同，他必须改变原始的动物心态，改变对自家以外的人的幸福无动于衷的态度。他必须调整行为，以适应社会合作的要求，必须把别人的成功视为自己得以成功的一个必要条件。从这个观点来看，我们可以说，社会合作的目标是实现大多数人的最大幸福。谁会反对如此定义最理想状态呢？谁会说，大多数人感到幸福不是一件好事？过去所有针对边沁的功利主义与幸福的计算公式的攻击，都集中在幸福概念的一些歧义或误解上。但不管幸福是什么，人们一致认为，应该把让大多数人获得幸福视作一个理所当然的要求。

然而，如果我们在上述前提下解释"福利"一词，福利的概念就变得毫无意义了。每一种社会组织都可以用它来为自己辩护。事实上，过去某些黑奴制度的拥护者辩称，奴隶制度是让黑人幸福的最佳手段，而当今美国南方还有许多白种人真诚地相信，严格的种族隔离不仅对白种人有利，对有色人种也同样有利。戈比诺（Gobineau）和纳粹种族主义的主要论点认为，优等民族的霸权对低等民族的真正幸福是有益的。如果一个原则如此广泛地涵盖了所有教条，却不管这些教条彼此多么矛盾，那它显然一无是处。

但是，在福利宣传者的口中，"福利"这个概念是有确切意义的。他们故意使用"福利"一词，就是看中它有一个被普遍接受的含义，可以用来阻挡任何反对他们的意见。没有哪一个正派人士会如此鲁莽，乃至提出异议而反对实行福利。福利宣传者之所以擅自独占这个权利，称呼他们自己的方案为福利方案，就是打算以一个廉价的逻辑游戏压制反对者。他们不希望自己的一些想法受到批评，所以给那些想法冠上每个人都喜爱的称号。他们的术语已经隐含了所有反对者都是恶棍，都只渴望增进私人的利益，他们不惜让大多数善良的百姓受苦。

西方文明的困境恰恰在于，假装一本正经的人士采取这些虚假的演绎和推论伎俩，而不担心遇到尖锐的指责。这只有两种解释：要么这些自诩福利经济学家的人不知道自己的推论程序在逻辑上是不自洽的（欠缺必要的推理能力）；要么他们刻意选择这个论证模式，以便为自己的种种谬误找一个掩护，让谬误躲在一个事先选好的意在使所有反对者都无法反驳的字眼背后。无论如何，他们的这种行为证明了自己实在是可耻的。

关于所有种类的干预主义措施，这里无须再为前面几章的论述补充些什么。卷帙浩繁的所谓福利经济学著述迄今尚未提出任何论证，证明我们的结论错误。接下来唯一的任务是，检视福利宣传者的宣传中最关键的部分，即他们对市场经济的指控。

在这方面，福利学派所有热血激昂的空话，最终被归结为：资本主义不好，因为它无法消除贫穷，且存在收入与财富不平等，以及没有安全感。

第二节 贫 穷

我们可以想象一个农业社会的情况,那里的每个社会成员只耕种一小块地,刚好足够提供他一家人的生活必需品。我们可以在这里添加少数专业人员,譬如,像打铁匠那样的技工以及像医生那样的自由人士。我们甚至可以更进一步假设某些人自己没有土地,而必须作为工人在别人的土地上帮忙。雇主给他们酬劳请他们帮忙,并且在他们生病或年老失去工作能力时照顾他们。

这样一个理想社会的轮廓是许多乌托邦计划的主要设想,它可能曾在某些社区实行了一段时间。最接近实现它的社区,也许是耶稣会牧师在巴拉圭建立的那些团体。然而,这里无须研究这种社会组织体系的"优点",因为历史演进已经把它粉碎了。对目前活在地球上的人来说,它的框架太狭窄了。

这种社会固有的缺点是,人口的增加必然导致越来越贫穷。如果某个农夫去世,他的地产会由几个儿子继承,长此以往,每个人耕种的土地最后会少到无法提供一个家庭生存所必需的食物。每个人都是地主,但每个人都极端贫穷。目前在中国许多地区常见的那些情况,是小块土地耕种者穷困生活的一个悲惨写照。另一个可能的情况是土地没被所有儿子继承,因而出现了大量没有土地耕种的无产阶级者。于是,在幸运的农夫和那些被剥夺了继承权的贫民之间,出现了巨大的鸿沟。后者成了一群贱民,他们的存在给社会带来了难以解决的问题。他们四处谋生,到处碰壁,社会不需要他们,他们贫困到无以度日。

在现代资本主义兴起之前的年代,当政治家、哲学家和法律提到穷人和贫穷问题时，他们指的便是这些多余的可怜人。自由放任哲学及其衍生的工业制度，把可雇用的穷人转变成赚取工资者。在未受干扰的市场社会里，一些人的收入比较高，另一些人的收入则比较低，但绝不会出现愿意工作却找不到工作的情况，因为社会生产体系有足够的空间。但是，自由主义和资本主义即使在全盛时期，也仅局限在西欧、中欧、北美洲、澳洲等相对狭小的区域。在世界的其他地方，无数人仍然苟活在饥饿的边缘。对他们的定义与旧时代的穷人或贫民相同，即"社会上过剩的人口"。对他们自己来说，他们是沉重的负担；对少数比他们幸运的同胞来说，他们则是潜在的威胁。

大量的可怜民众主要是有色人种，他们的贫穷不是资本主义造成的，而是资本主义的缺席造成的。若非自由放任的哲学获胜，现在西欧民众的命运甚至不如亚洲的苦力。亚洲的问题在于，人均资本投入量和西方相比是极低的。当地既有的意识形态和所衍生的社会制度，抑制了追求利润的企业家精神的发展。国内的资本积累微乎其微，并且又明显敌视外来投资者。在许多国家，人口增加的速度甚至高于资本供给的增加。

指责欧洲列强必须为他们的殖民地的广大群众的贫穷负责是不正确的。就改善殖民地的物质幸福而言，国外统治者所能做到的就是投入他们的资本。东方国家的民众不愿意放弃传统信条，甚至憎恶资本主义，将其视为异己，这不是白种人的错。他们有可能很快就会摆脱外国人的统治，那时，他们将很可能转向各种不同名称的管制经济和极权主义，但这不会解决他们的经济问题，也不会使他们变得富裕。

只要资本主义不受干扰地运行，便不再可能出现非资本主义社会那种意义的贫穷问题。人口增加不会创造过多嗷嗷待哺的嘴巴，而是创造出更多能用来增加财富的帮手。不会有身强体健的贫民。从经济落后民族的观点来看，资本主义国家内部"资本"和"劳动"的冲突，是一个享有特权的上层阶级内部的冲突。在印度或中国劳动者的眼中，美国汽车工人是"贵族"，属于全球收入最高的2%的人群。不仅有色人种，甚至斯拉夫人、阿拉伯人和其他民族的人，也把资本主义国家民众占全球人口12%~15%的平均收入视为对他们自身物质幸福的剥削。他们未能意识到，除了移民障碍的影响，这些所谓的特权国家民众的富裕，并不是由他们的贫穷埋单的。而他们改善自身的物质生活的主要障碍就是，他们自身对资本主义的憎恶。

在资本主义框架内，"贫穷"这个概念仅指涉那些无法照顾自己的人。即使不提儿童，我们也必须承认永远会有人失业。资本主义虽然改善了广大群众的生活水平、卫生条件和预防疾病的医疗方法，却未能消除残疾。没错，许多过去注定要残疾终身的人，现在的确能恢复一部分活力。但许多因天生缺陷、疾病或意外在过去本应过世的人，现在虽然可以存活下来，却永远丧失了谋生的能力。此外，平均寿命的延长也会增加无谋生能力的老年人口。

存在没有谋生能力的人，是人类文明社会特有的一个问题，因为残废的动物必定很快就会被淘汰掉——它们不是被饿死，就是成为天敌口中的食物。野蛮人对于老弱病残者没有任何怜悯之心。对于老弱病残者，许多原始部落采取我们这个时代的纳粹所采取的那些野蛮无情的灭绝办法。相当多的老弱伤残者存在的事实不管多么矛盾，都是社会文明和物质富裕的一个特征。

自古以来，为那些既无法养活自己、又无近亲照顾的老弱伤残者提供生活所需，始终被视为慈善之举。其所需的资金有时候由政府提供，更多的时候则由自愿捐款提供。天主教会、民间教会和某些新教机构在募集善款并妥善使用方面，堪称奇迹。如今还有许多非宗教机构介入这种高贵的竞争。

这个慈善制度有两大缺陷为人所诟病。一是资金供给少得可怜。然而，资本主义越发展，财富越增加，慈善资金就会变得越充足。一方面，人们越来越愿意按他们自身物质幸福的改善程度捐款；另一方面，随着资本主义的发展，贫困人口也随之减少。即使中等收入的人也有机会通过储蓄和购买保险为意外事故、疾病、老年生活、子女教育和孤儿寡母的赡养做准备。在资本主义国家，如果干预主义未破坏市场经济的一些基本制度，慈善机构的资金供给就很可能是充足的。信用扩张和通货膨胀让普通人试图通过储蓄和积累备用资金来应付比较不顺利的日子的努力毁于一旦。干预主义的其他措施，对赚取工资者、领薪水的雇员、自由职业者以及小商业主等的切身利益所造成的伤害也同样严重。大部分接受慈善机构帮助的人之所以需要帮助，只是因为干预主义使他们需要帮助。通货膨胀以及政府把利率压低至潜在的市场利率以下，实际上等于没收医院、精神病院、孤儿院和类似机构赖以运作的捐助基金。福利宣传者不断哀叹慈善资金供给不足，他们哀叹的正是他们自己所主张的政策的一个后果。

慈善制度的第二个缺点是，它只有仁慈与怜悯。贫困者没有权利要求别人施予恩惠。他依赖善心人士的慈悲，依赖他的苦难带来的柔情关怀。他收到的是一个他必须心怀感激的自愿赠予。作为一个受救济者，他感到可耻和羞辱。对一个自尊自重的人来说，这是不可忍受的。

这些抱怨是可以理解的。这样的缺点确实存在于各式各样的慈善事业中。它是一个同时使施者和受者经受道德审判的制度。它使施者趾高气扬、自以为是，使受者卑躬屈膝、谄媚逢迎。然而，只有在资本主义环境中，人们才会觉得接受救济有被蔑视的感觉。在金钱关系和买卖双方达成的那种纯粹交易性质的契约关系之外，其他人际关系都或多或少有这种被蔑视的污点。所有指责资本主义铁石心肠和冷漠无情的人，所斥责的正是个人情感元素在市场交易中的缺席。在这些批评者眼中，在互相交换的原则下合作，使所有人失去了人性，因为互相交换原则下的合作以契约取代了同胞间的相亲相爱和互帮互助。但是，这些批评者一方面控诉资本主义的法律秩序忽视了"人性"，另一方面，他们又指责慈善制度依赖人们的慈悲情怀。可见，他们是自相矛盾的。

封建社会是建立在上位者施恩和下位者知恩图报这样的社会基础上的。强大的君主分封群臣、授予恩惠，而群臣则对君主个人效忠。下属必须亲吻上司的手，必须向上司表示效忠，这样的礼仪符合当时的人情。在封建社会中，慈善行为本身固有的施恩元素不会让人觉得不舒服。当时，慈善符合一般人的意识形态和行为习惯。给贫困者一个法律上的要求权，要求社会保证他们的生计，这样的想法只出现在完全以契约型联结为基础的社会背景中。

支持这个法定要求权的各种形而上学的论证所依据的正是天赋人权说。据说，在上帝或大自然面前，人人平等，人天生被赋予一个不可剥夺的生存权。然而，在讨论天生不平等的问题时，提到天生平等无疑是不合适的。身体的不健全让许多人不能在社会合作的过程中扮演积极的角色，这是一个令人感到愧惜的事实。自然法则的运行使这些人成为社会弃儿，他们是上帝或大自然的继子。对于一些宗教信条和道德训诫所宣称的帮助天生不幸的同胞是每个人的责任，我们完全赞同。但是，承认这个责任的存在，并未指明究竟该采取什么办法履行这个责任。该责任并未责令我们必须选择一些危害社会和削减人们劳动生产力的办法。财货供应数量下降不管是对身体健全者，还是对身体残疾者，都没有好处。

这里所涉及的一些问题不属于行为学范畴，经济学无须为它们提供最佳答案，它们牵涉病理学和心理学。它们涉及一个生物学事实，即害怕贫穷和害怕接受慈善救济所引起的羞愧感，这是一个人保持生理平衡的重要因素。它们敦促一个人保持健康，避免疾病和意外，以及尽快让身体从伤害中复原。社会安全制度的经验，尤其是德国曾实施的那种旧制度已经清楚地表明，消除这些诱因会导致一些不好的结果。[1] 没有哪个文明社会会冷漠无情地听任身体残疾者灭亡。但是，以具有法律效力的扶养权或给养要求权取代慈善救济，似乎不符合真实的人性。这并非一些形而上学的先入之见，而是是否合宜的实际考虑。这让颁布具有法律效力的给养要求权看起来并非一个明智之举。

此外，如果认为颁布这种法律就能让贫困者免于接受救济时的羞愧感，那就错了。这种法律规定的权利越是慷慨，执行程序就越是严格和死板。再者，官僚的任意裁决，将取代那些出于良善而行善者的自由判断。这种改变是否真的会使那些身体残疾者更好过，就难说了。

---

[1] 参见苏尔茨巴赫（Sulzbach）的《德国社会保险经验》（*German Experience with Social Insurance*）（纽约，1947年），第22—32页。

第三节　不平等

　　收入和财富不平等是市场经济的一个固有特征，消除了它，就等于完全摧毁了市场经济。[1]

　　那些要求平等的人心里想的永远是增加他们自己的消费能力。没有谁会一边赞同把平等作为一个政治基本原则，一边希望拿出他自己的收入分给那些收入比较少的人。当一个美国工人提到平等时，他的意思是股东的红利应该拿来给他，他可不会削减他自己的收入，从而分给全球95%收入比他低的人。

　　收入不平等在市场社会所扮演的角色，绝不能和它在一个封建社会或其他形态的非资本主义社会所扮演的角色混为一谈。[2] 不过，在历史进程中，前资本主义时期的这个不平等却有极为重大的历史意义。

　　在18世纪的英国，无产阶级的人数非常多。在英国，有好长一段时间，对非农业部门所采取的一些限制性措施，使传统意识形态被奉为神圣不可动摇的东西，而这也延迟了现代企业家精神的出现。但是，当自由放任的哲学彻底推翻了限制主义的种种谬论，并打开通往资本主义的道路之后，英国工业制度加快了步伐，而其所需的劳动力供给早已经准备好了。

　　产生"机器时代"的原因并不是桑巴特所认为的，一种特别贪得无厌的心态有一天突然神秘地缠住了某些人的心灵，把他们转变成了"资本主义的人"。永远有一些人会为了赚取利

---

[1] 参考第十五章第七节和第三十二章第三节。
[2] 参考第十五章第十一节。

润，而非常乐意把生产活动调整得更为适合满足社会大众的需要。但是，流行的意识形态把追求利润的行为视为不道德的，并且设立了许多制度性障碍抑制这种行为，从而使得一些人处处受限且无能为力。自由放任的哲学取代了那些赞同传统限制体制的学说，移除了阻止物质生活改善的制度障碍，于是便开启了资本主义新时代。

自由主义哲学抨击传统的种姓阶级制度，因为维持该制度和市场经济不相容。自由主义提倡废除各种特权，因为它想让那些有发明才能的人一展才华，想让那些以最便宜的方式产出数量最多和质量最好的产品的人大显身手。就功利主义者和经济学家计划中的这个消极方面而言，他们和那些以天赋人权和人人平等学说抨击特权身份的人的理念是一致的。这两组人都一致支持法律之下人人平等的原则，但是，这种一致性，未能消除这两条思想路线之间的根本对立。

天赋人权学派认为，就生物学意义而言，人人都是相同的，所以人人都有不可剥夺的权利，一切东西都该同等享有。第一个定理明显违背事实。如果要将第二个定理一以贯之地推衍和诠释，则必然导致种种荒谬的结论，于是它的支持者完全抛弃了逻辑一致性，以至于他们最后认为，不管一种社会制度存在多么严重的歧视性和多么的不公正，它们都和"人人有不可剥夺的同等权利"这个理念相容。那些赫赫有名的弗吉尼亚思想激发了美国大革命，却默许了黑奴制度的保存。有史以来最专制的统治制度——布尔什维克主义，却佯装"人人自由平等"原则的化身而炫耀于世。

支持法律之下人人平等的自由主义者充分认识到一个事实，即人们生来就是不平等的，而且正是因为生之不平等，才产生了社会合作与文明。在自由主义者的观念中，法律之下人人平等的主要用意，并不是要纠正不能改变的宇宙法则，从而使天赋不平等消失；相反，它是用来使全体人类可以从该事实的不平等中获得最大好处的办法。因此，绝不能有任何"人为的"制度，阻止任何人到达他能为同胞提供最好服务的位置。自由主义者不是从所谓不可剥夺的人权观点去处理问题，而是从社会和功利主义的角度去处理问题。在他们看来，法律之下人人平等是一个好的原则，因为该原则最有利于增加每个人的利益。它让选民投票决定谁该担任公职，让消费者决定谁该受托指挥生产活动。这样便可以消除暴力冲突的根源，确保人类事务朝更满意的状态稳步前进。

这个自由主义哲学的胜利，产生了被称为"现代西方文明"的那些现象。然而，这个新的意识形态，只有在收入平等理想非常薄弱的环境中才能取得胜利。如果 18 世纪的英国人执迷于收入平等的妄想，那么自由放任的哲学将不适合他们的口味，就像它现在不讨亚洲人和伊斯兰人喜欢一样。就这个意义而言，历史学家必须承认，封建制度和庄园制度的意识形态遗产对我们现代文明的兴起是有贡献的，尽管现代文明和旧时传统大不相同。

那些 18 世纪的哲学家虽然对新兴的功利主义学说理念并不熟悉，但他们仍然可以谈论中国和伊斯兰教国家的优越条件。其实，对于东方世界的社会结构，他们知之甚少。他们从模糊的报道中所发现的值得称赞之处，就是东方世界没有世袭贵族阶级和大量私有财产。在他们看来，在建立人人平等的社会方面，这些国家一向比他们自己的国家成功。

然后，在 19 世纪，这样的主张又被有关国家的一些民族主义者重新提及。排在这一列复古主义者队伍前头的是泛斯拉夫主义，它的捍卫者赞扬由苏俄的米尔（mir）与阿托（artel），以及南斯拉夫的拉达拉加（zadruga）所实施的土地公有制。越来越混乱的语意完全颠倒了一些政治名词的意义，"民主的"这个名词前的形容词也被大肆滥用。除了绝对专制，从来不知道有其他统治形式的伊斯兰教民族，现在居然被有些人称为"民主的民族"；印度的民族主义者则乐于谈论传统的印度民主。

　　经济学家和历史学家并不关心这些宣泄情绪式的主张。在将亚细亚文明描述为低等文明时，他们并未做出任何价值判断。他们只是在确认一个事实，即这些民族并未产生那些在西方结出资本主义文明果实的意识形态和相关制度条件，这些亚洲民族今天也不得不在暗地里承认资本主义文明的优越性，因为他们正大声疾呼要求得到全套的西方生产技术、工具和医疗设备。正因为人们承认过去亚洲许多民族的文化远比同时代的欧洲民族先进，所以，才有人问究竟是什么原因中断了东方文明的进步。就印度文明来说，答案是很明显的。在那里，种姓制度的僵固铁腕抑制了个人主动精神的成长，扼杀了每一棵试图突破传统桎梏的幼苗。但是，过去在中国和伊斯兰教国家，除了有相对少数人遭到奴役，其他人并未受到种姓制度的钳制。没错，他们确实被独裁者统治，但是，在独裁者之下，所有臣民是平等的，即使奴隶和太监也未被禁止攀登到最高地位。人们今天谈起这些东方民族所谓的民主习俗时，指的就是这种在统治者之下的人人平等。

　　这些民族和他们的统治者致力于守护的这种"臣民经济平等"的概念是模糊的。不过，在某一方面，它却很清楚，即绝对不允许任何人私自积累巨额财富。统治者认为，富有的臣民对于统治者的政治霸权是一个威胁。所有民众，包括统治者和被统治者都深信没有人能够积聚大量财富，除非剥夺他人理应获得的东西，而且少数富人获得财富正是多数人贫穷的原因。在所有东方国家，富商的地位是岌岌可危的。他们在官吏面前无计可施，只能任凭官吏处置。不论其如何贿赂，也不能保护他们的财产不被没收。每当某个富商因为官吏的嫉妒和怨恨而受害时，全民皆欢欣鼓舞。

这个反商情结抑制了东方文明的进步，使大量民众处于饥饿的边缘。由于资本积累遭到抑制，所以根本谈不上生产技术的进步。作为一个出现在东方的外来意识形态，资本主义是外国的军队和船舰，以殖民统治或治外法权的方式强加给东方的。用这些暴力方法去改变东方人的心态无疑是不恰当的。不过，承认这个事实也不能否定以下陈述的正确性：正是憎恶资本积累使无数的亚洲人注定贫穷和被饿死。

当代福利主义宣传者心里的平等概念是亚洲人这个平等概念的复制版。它在其他方面虽然很模糊，但非常清楚地显示出对积累财富的深恶痛绝。它反对大规模企业和大规模财富；它提倡各式各样抑制个别企业成长的措施，希望借由没收式征收所得税和遗产税的方式让社会更平等；它迎合了思想浅薄的群众的嫉妒心理。

我们已经在上面讨论过没收式政策的直接经济后果。[1]很明显，长期而言，这种政策不仅将导致资本积累速度减缓或完全陷于停顿状态，而且也将导致从前积累下来的资本被消费掉。

---

[1] 参见第三十二章。

这种政策不仅将抑制社会继续朝着物质更富裕的方向前进，甚至会造成逆转，从而加剧贫穷的趋势。亚洲人的平等理想将获得胜利，最后，西方和东方将相遇在同等的贫穷苦难中。

福利学派不仅自称代表社会全体利益以对抗营利性企业的自私自利，它还宣称自己所顾虑的是国家的永久利益，所以要反对专门致力于牟取利润却不顾及社会全体未来的投机者、首倡者和资本家的短期利益。它所宣称的与这个学派注重短期政策而不关注长期效果的作风，当然是自相矛盾的。然而，逻辑的连贯一致原本就不是这些福利教条主义者的美德。为了方便论证，让我们忽略他们陈述中的矛盾之处，仅就他们的陈述内容加以检视。

储蓄、资本积累和投资把一部分金额从经常消费金额里扣留了下来，以用来改善未来的情况。储蓄者放弃满足现在的需要，以便改善他本人和家人未来的物质幸福。就这个形容词的通俗含义来说，他的意图无疑是自私的；但是，他的自私行为的结果对社会整体以及所有社会成员的长远利益却是有帮助的。他的行为产生了即使最偏执的福利宣传者也要称之为经济改善和进步的那些现象。

相反，福利学派所提倡的那些政策则是消灭国民私人储蓄的诱因。一方面，那些旨在削减高收入和巨额财富的措施，严重地减少或完全摧毁了富有者的储蓄能力；另一方面，中等收入者先前用于资本积累的款项则受到引诱而流入消费领域。当人们把储蓄下来的钱托付给银行或用来购买储蓄保单时，银行或保险公司会拿那些钱去投资，即使储蓄者后来把储蓄下来的金额消费掉，也不会导致反投资和资本消费的事情发生。尽管某些储蓄者会提取他们的储蓄，但储蓄银行和保险公司的总投资额还是会稳定地增加。

当今的形势使银行和保险公司越来越多地投资于政府债券。社会安全机构的资金完全以公共债务的债权形式存在，只要公共债务是政府的经常性支出引起的，个人储蓄便不会带来资本积累。在未受干扰的市场经济里，储蓄、资本积累和投资本是同一回事，然而，在遭到政府干预的经济里，国民个人的储蓄就可能被政府挥霍掉。某人会限制他的经常性消费，以便满足自己未来的需要。与此同时，他的行为也贡献了一份力量，促进社会经济的继续进步以及帮助其同胞改善生活水平。但是，政府的介入制止了人们做出对社会有益的行为。福利宣传者老是拿目光短浅和心胸狭隘的个人与有远见且仁慈的政府做比较，说前者专注于享受当下的快乐而完全不顾同胞的幸福和社会的长久利益，后者则坚定不移地致力于促进社会全体的长远福利。没有什么比上面的例子更能推翻福利宣传者的陈词滥调了。

没错，福利宣传者对此提出了两个反对理由。第一，个人的动机是自私自利的，而政府则是满怀善意的。为了方便论证，我们姑且承认人们如魔鬼般邪恶自私，而统治者则如天使般善良无私。但是，对真实的生命和现实来说，重要的不是康德曾经说过什么[1]，而是实际效果。使社会得以存在和演进的正是这个事实：长期而言，社会分工下的和平合作最有助于所有人满足各自的利益。市场社会的最大优点就在于，它的运行可以圆满地实现这个目的。

---

[1] 针对谚语"诚实是最好的政策"，康德曾点评说，"诚实好过任何政策"。这个俗谚显然属于功利性的观点。康德的点评似乎把诚实当作绝对价值，但并非和功利思想绝不相容。——译者注

第二个反对理由指出,在福利体制下,政府的资本积累和公共投资将取代私人的资本积累和投资。福利宣传者指出,政府过去借到的资金其实并非全部花在经常性支出上。有相当大的一部分资金被投资在建筑道路、铁路、港口、航空站、发电厂和其他公共工程上。还有相当一部分资金则花在保家卫国的战争上,而这是公认的不可能用其他方法筹得的资金。然而,这个反对理由并未抓住重点。重要的是人们的储蓄有一部分被政府用于经常性消费,而且没有什么能阻止得了政府不断增加这一部分消费,直到吞没民众的全部储蓄。

很明显,如果政府使民众不能积累和投资更多资本,则积累新资本的责任——如果可能有新资本的话——便落在了政府的身上。在福利宣传者看来,"政府控制"是"上帝有远见"的同义词,政府和上帝一样英明地引导人类不知不觉地在一个不可更改的演进过程中走向更高、更完美的阶段。因此,他们看不到资本形成过程的复杂性。

继续储蓄和积累更多的资本以及维持目前的资本数量,都需要缩减当前的消费,以便将来获得更充足的供应。这是人们在克制自己暂时不享受立即能获得的满足。[1]市场经济所形成的环境在一定程度上使这种克制得以实现,而且使通过克制消费所积累下来的资本,投资在那些最能满足消费者的迫切需求

---

[1] 当然,确认这个事实——维持资本结构需要当前消费的节制,不等于赞同那些尝试把利息说成禁欲之"报酬"的理论。在真实的世界里,没有什么神秘力量会奖励谁或惩罚谁。本源利息究竟是什么,我们已经在第十九章讲过了。不过,针对拉萨尔(Lassalle)的一些似是而非、被无数教科书一再重复引述的讽刺,这里最好还是强调一下,储蓄是一种剥夺(entbehrung),它剥夺了储蓄者的即时享受。

上。问题是，政府积累资本能否取代私人积累？政府将以什么方式将积累下来的新增资本用于投资？这些问题不仅仅存在于计划经济国家，在一个已经完全或几乎完全消灭了有利于私人资本形成条件的干预主义体系里也同样迫切，甚至美国也显然越来越接近这样的状态。

让我们假设某国政府已经控制了相当大的一部分国民储蓄：社会安全制度的投资、私人保险公司的投资、储蓄银行的投资和商业银行的投资在很大程度上被政府导入公共债务。国民仍然是储蓄者，但是，国民储蓄是否会导致资本积累，从而增加资本财供应量、改善生产配置，则取决于政府如何运用借来的资金。如果政府把这些资金浪费在经常性支出或错误投资上，则由国民私人储蓄开始，由银行和保险企业的投资所延续的资本积累过程，便会被切断。通过比较下面这两个运作方式，我们也许可以把事情讲得更清楚：

在未受干扰的市场经济过程中，比尔将 100 美元存进一家储蓄银行。如果他选择的是一家精通放款和投资生意的银行，资本数量便会增加，从而提高劳动生产力，多出来的产出有一部分以利息的形式交给比尔。如果比尔选错了银行，把他的 100 美元托付给一家濒临倒闭的银行，他便落得两手空空。

在政府干预储蓄和投资的过程中，保罗于 1940 年付给国营社会安全机构 100 美元作为个人储蓄。[1] 他换来一个要求权，但这个要求权实际上是一张无条件的政府借据。如果政府把这 100 美元花在经常性支出上，便不会出现新增资本，也不会提高劳动

---

[1] 是保罗本人支付这一百美元，还是法律强制他的雇主支付这一百美元，其结果没有什么差别。参考第二十一章第五节。

生产力。这张政府借据是一张可以要求未来纳税人支付的支票。到了1970年,一个叫彼得的人可能必须履行政府的承诺,尽管他本人没有从保罗于1940年储蓄100美元这件事中得到任何好处。

因此,事情变得很明显,我们无须研究苏联的体制便可以理解政府财政在我们这个时代所扮演的角色。说公共债务不是负债,"那是我们欠我们自己的",这样似是而非的浅薄论证是骗不了人的。1940年的保罗们并没欠这笔债,是1970年的彼得欠了1940年的保罗这笔债。整个社会安全制度其实就是短期原则的极致表现。1940年的政治家把问题抛给1970年的政治家,以此方式解决自己的问题。到了1970年,1940年的政治家要么已经过世,要么就成了正在因他们的显赫成就——社会安全制度而自豪的元老政治家。

福利学派那些圣诞老人式的童话的特征就在于,他们完全不了解资本的问题。正是这个缺点使我们不得不拒绝以"福利经济学"称呼它们,尽管他们愿意以此称号形容他们的那些教条。凡是没把资本财供应稀缺纳入考虑范围的人,都不是经济学家,而是童话家。这种人不考虑真实世界,而只考虑万物丰盛的童话世界。当代福利学的所有溢美之词与倡导计划经济的作家的著述一样,都隐含了"资本财供给充裕"这个基本假设。如果这个假设是真的,那么所有的不满意似乎很容易就能找到补救的办法,也很容易"按照每个人的需要"满足每个人,很容易使每个人得到完全的幸福。

没错,福利学派有一些捍卫者对这里所涉及的一些问题有一些模糊的认知,并为此感到不安。他们意识到,资本必须保持不变,否则未来的劳动生产力势必会下降。[1]然而,这些作者未能理解,即使仅维持资本不变,也需要处理投资问题的娴熟技巧。他们不知道,资本永远是投机成功的结果;他们不知道,维持资本不变的努力,要以经济计算为先决条件,更要以市场经济运行为其先决条件。其他福利宣传者则完全忽略了资本问题。在这一方面,他们是否诉诸一些奇怪的新概念,譬如,有用的东西都具有"自动永续的特性"[2]等,都是无关紧要的。无论如何,他们的学说的用意都是想为某个核心教条提供一个理由。这个教条把市场经济所有令人不满意的地方,都归咎于储蓄太多和消费不足,他们的建议是:大肆消费是治疗社会经济百病的一帖灵药。

当经济学家把他们逼急了的时候,有些福利宣传者承认,要避免平均生活水平的下降,就必须维持已经积累起来的资本,而且经济要进步,还得依赖更多的资本积累。他们认为,此后,维持旧资本和积累新资本将是政府的一个任务,而不再由想要增加自己和家人财富的那些自私自利的个人的行为所决定。有关当局将从大众福利的角度来处理资本问题。

然而,问题的症结恰恰在于自私自利所产生的作用。在容许不平等的制度下,自私自利会促使一个人储蓄,并且永远以一种能满足消费者最迫切需求的方式投资他的储蓄。在要求平等的制度下,这个动机就消失了。在不久的将来,消费缩减能让人明显感受被剥夺,它对人们的自利的目的是一个打击。对

---

[1] 这句话尤其适用于庇古教授的著述,包括他的各个版本的《福利经济学》和多篇论文。对庇古教授的一些想法的批判,可以参考哈耶克的《利润、利息和投资》,第83—134页。
[2] 参考奈特(F. H. Knight)的《米塞斯教授与资本理论》("Professor Mises and the Theory of Capital"),《经济学》第八卷(1941年),第409—427页。

理解能力不敏感的普通的人来说，如果即刻的享受被剥夺了，那么未来可能获得的那些满足感就不那么明显了。再者，这些长远利益在公共积累制度下被一点一点地分摊给所有人，以致在个人看来，它们不足以适当补偿他今天所放弃的满足。福利学派轻率地假设，当人们预期他们今天储蓄的果实将由整个后代平等分享时，每个人的自私自利将促使人们倾向于增加更多储蓄。就这样，他们陷入了著名的"柏拉图错觉"所必然导致的迷思。柏拉图误以为，不让人们知道他们的父母是谁，将激励人们像父母那样关爱所有年轻人。亚里士多德的看法与此不同，他认为柏拉图的方式必然会导致所有父母对孩子的漠不关心。如果福利学派还记得亚里士多德的话，他们将会聪明许多。[1]

对一个不能诉诸经济计算的计划经济体系来说，维持与增加资本问题是无解的。计划经济没有任何方法可以确定它的资本配置是增加还是减少。但是，在干预主义制度下，以及在一个仍然能根据国外市场所确立的价格而诉诸经济计算的计划经济体系中，情况还没有这么糟糕。至少，它们还能认识到实际的资本状况是增还是减。

如果这样的国家是一个民主政体，保持资本和积累更多的资本，便会成为政治角力的主要议题。一定会有一些煽动家声称，有比当前执政的政党或其他政党所容许的更多资源供当前消费使用。他们总是宣称，"在当前的紧急状况下"根本用不着为将来的日子积累资本。相反，消费一部分已经存在的资本是

---

[1] 参考参见亚里士多德（Aristotle）的《亚里士多德的基础性著作》(*The Basic Works of Aristotle*)（纽约，1945 年）中的《政治学》(*Politics*) 一书，第二章第三节，第 1148 页。

有充分的正当理由的。各个政党将竞相加码，在对选民承诺更多政府支出的同时也承诺降低所有并非全由富人承担的租税。在自由放任的年代，人们把政府视为一个必须由国民缴税，以使其运行的机构。在每个国民的预算里，政府都是一项支出。而现在大多数国民把政府视为一个分配利益的机构。赚取工资者和农夫都期待他们能从国库得到比自己贡献给国库的更多的金钱收入。在他们眼中，政府是一个把钱分给他们的机构，而不是一个从他们那里拿钱的机构。凯恩斯和他的追随者将这种认识合理化，甚至把它抬高到准经济学说的地位。政府开支和不平衡预算只是资本消费的同义词。如果经常性支出（不管其多么有益）是通过征税拿走原本用于投资的那部分较高收入来实现的，譬如，遗产税或借款，那么政府便会成为一个助长资本消费的因素。目前，美国每年的资本积累很可能[1]超过资本消费。即使这是一个事实，也不能否定下述陈述是正确性：联邦政府、州政府和各地市政府错综复杂的财政政策，合起来倾向于资本消费。

有些人意识到了资本消费的不良后果。他们大多认为，民选政府和健全的财政政策不相容。他们未能意识到，该谴责的不是民主政治本身，而是某些荒谬的学说。这些学说极力提倡以圣诞老人的政府概念取代拉萨尔所嘲笑的守夜人概念。决定一个国家的经济政策取向的，永远是该国舆论所坚持的经济理念。没有哪一个政府，不管是民主的政府还是独裁专制的政府，可以不受一般民众所能接受的意识形态的支配。

---

[1] 在这个通货膨胀和信用扩张的年代，试图利用统计数字回答这个问题是没用的。

有些人主张限制国会在预算和征税决策方面的特权,甚至主张以威权政府彻底取代代议政府。他们的这些主张反映了他们的心智为"完美的国家元首"这个荒诞不经的想象所蒙蔽。这个"完美的国家元首"不仅睿智,而且仁慈,他将诚心诚意地致力于增进民众的长远福祉。然而,事实证明,真实的威权领袖其实是一个凡人,他首先志在使他本人的霸权,以及亲属、朋友和所属政党的霸权永垂不朽。他也许会采取一些不受民众欢迎的措施,每当他这么做的时候,也总是为了达成前述目的。他既不投资,也不积累资本,但他建造要塞和堡垒,他充实军备。

苏联和纳粹那些被热烈讨论的计划,包含了为了"投资"而限制经常性消费。纳粹从未尝试掩盖这个事实,即所有这些"投资"的用意,都是在为他们所计划的侵略战争做准备。苏联起初很不坦诚,但现在却自豪地宣称,他们所有的计划都是以战备考虑为指导原则的。历史上从来没有哪个政府完成资本积累的例子。就政府投资于修公路、修铁路和开展其他有用的公共工程而言,所需资本是国民个人储蓄所提供而由政府借用的,但是,公共债务大部分花在经常性支出上,人们节约下来的储蓄被政府拿去挥霍了。

有些人认为,财富与收入不平等应受到谴责。但是即使是这样,他们也不能否认,财富与收入不平等有利于更多的资本积累;而唯有更多的资本积累,才能带来生产和科技的进步、工资率的持续上涨和生活水平的持续提升。

第四节 不安全

当福利教条主义者抱怨不安全的时候，他们心里的那个模糊的安全概念指的是某个类似保证书的东西，凭借这个东西，不管他的成就如何，不管他对社会有什么贡献，社会都要保证让他达到令他满意的生活水平。

那些颂扬与怀念旧时代的作家声称，中世纪的社会体制曾提供了这个意义上的安全。然而，这里无须详细展开讨论。即使在广受好评的13世纪，实际情况也不同于中世纪经院哲学所描绘的理想景象。他们所说的景象，不是描述实际情况是什么样的，而是应该是什么样的。而且，即使是这些哲学家和神学家所描绘的乌托邦，也容许存在人数众多而完全依靠富人施舍救济的乞丐阶级。这不符合现代人对"安全"一词的理解。

"安全"是一个属于赚取工资者和小农阶级的概念，是一个和资本家所期盼的稳定概念相匹配的概念。[1] 就像资本家希望永远享受一份不受世事变迁影响的收入一样，赚取工资者和小农阶级也希望他们的收入不受市场变化的影响。这两部分人都渴望脱离历史变迁，他们认为任何变化都不该损害他们自己的地位，当然，他们也不会反对增加自己的物质幸福。他们过去已经调整好自己的行动去适应市场结构的变化，因而任何变化都不能强迫他们重新调整。当欧洲某处山谷里的农夫要跟生产成本比较低的加拿大农夫竞争时，他义愤填膺；当市场引进某种新的工具而影响到装修市场时，装修工怒火冲天；很明显，

---

[1] 参见第十二章第四节。

这些人的愿望只有在一个完全停滞的世界里才能得到满足。

未受干扰的市场社会的特征是，丝毫不尊重既得利益。如果过去的成就成为进步的障碍，那么过去的一切成就就都不能算数了。所以，提倡安全的人把不安全归咎于资本主义是完全正确的，但是，如果他们表明自私自利的资本家和企业家该为不安全负责，那就是在扭曲事实。伤害既得利益的是消费者的行动，是消费者渴望尽可能满足自己的个人需要。使得生产者不安全的不是少数富人的贪婪，而是每个人的习性，是每个人都习惯利用每一个提供给他增加自己幸福的机会。使装修工感到愤慨的，其实是他的同胞更偏爱便宜的装修而不是昂贵的装修这个事实。而这个装修工因为更偏爱便宜的商品而不是昂贵的商品，也给其他劳动市场部门出现的不安全状况贡献了他自己的一份影响力。

没错，人必须一再调整自己去适应情况的变化，这的确是很麻烦的。但是，变化是生命的本来状态。在一个未受干扰的市场经济里是没有安全存在的，即既得利益得不到永久保障，这是物质幸福不断增加和社会不断进步的原理。这里无须和古罗马诗人维吉尔或18世纪的诗人、画家争辩田园生活的梦想，无须讨论真正的牧羊人所享有的那一种安全感。没有人真的希望和他们互换位置。

对安全的渴望在1929年开始的大萧条期间变得尤其强烈，它获得了数百万失业者的热烈响应。农夫和工人阶级组成了强大的压力团体，他们的领袖高声呼喊："这就是为你们准备的资本主义！"然而，这些损失不是资本主义造成的，而是干预主义试图"改革"和"改善"市场经济的运行所造成的。经济暴跌是试图以信用扩张降低利率的必然结果，制度性失业是最低工资率政策不可避免的结果。

第五节　社会正义

当今的福利宣传者，至少在某一方面优于以前的计划经济者和改革派学者。他们不再强调社会正义的概念，不再主张人们不顾一切后果遵守有关这个概念的一些武断的规诫。他们赞同功利主义的观点。他们不反对功利主义的原则，即鉴别各种社会制度好坏的唯一标准是看该制度能否达到行为人所追求的目标，以及这个目标能达到什么程度。

然而，一旦他们开始审视市场经济的运行，他们便立刻把上面这个健康的心态忘得一干二净了。他们武断地提出一组玄学原则，并且未审先判地谴责市场经济，说它不符合那些玄学原则。他们偷偷地引进某个绝对道德标准，而这个道德标准是他们前一刻公然封杀的。他们搜寻各种解决贫穷、不平等和不安全的办法，终于完全赞同干预主义的旧学派的一切谬论。他们陷入越来越多的矛盾和荒谬之中，最后不得不垂死挣扎，紧紧抓住所有以前的"非正统"改革者试图抓住的救命稻草——完美统治者的超人智慧。他们说来说去，永远是国家、社会或其他专为超人般的独裁者巧妙设计的代名词。

福利学派，尤其是德国的讲座社会主义者（Kathedersozialisten）和他们的高徒——美国制度学派的学者发表过成千上万的文章，还一板一眼地给每笔数据加上注释，述说种种令人不满意的社会状况。在他们看来，这些收集来的资料清楚地说明了资本主义的种种弊端。事实上，它们仅仅说明了一个事实，即人类的欲望其实是无穷的，并且人类的福祉还有极大的继续改善的空间。它们并未证明福利学派的任何陈述是正确的。

无须赘言，所有人都乐于见到各式各样的商品能有更充裕的供给。问题是，除了通过增加投资来提高劳动生产力，是否还有可以让商品供给增加的其他办法？福利宣传者的胡言乱语只有一个目的，那就是模糊这个唯一重要的问题。当谈及积累更多资本是维持经济进步的必要手段时，这些人却高谈阔论"过度储蓄""过度投资""必须消费更多""必须限制生产"。因此，他们是经济退步的始作俑者，他们所宣传的是让经济衰败和社会解体的哲学。从某些人以某个武断的所谓社会正义的标准观点来看，一个按照他们的规诫来安排的社会也许是公正的，但是，它肯定是一个所有成员都越来越贫穷的社会。

至少一个世纪以来，西方国家的舆论一直被这样的论调所蛊惑，以为有"社会问题"或"劳工问题"这回事。它所隐含的正是资本主义的存在伤害了广大群众，尤其在关乎赚取工资者和小农阶级的切身利益这一点上。继续维持这个明显不公平的制度是不能忍受的，根本性的改革是必需的。

事实正好相反，资本主义不仅使人口增加了好几倍，也使人们生活水平的提高达到了空前的地步。经济思想也好，历史经验也罢，完全未显示还有其他社会制度能比资本主义更有利于大众。结果不言自明，市场经济不需要辩解者和宣传者，它可以把圣保罗大教堂里雷恩爵士[1]墓志铭上的话套用在自己身上："如果你寻找逝者的纪念碑，四周就是。"（Si monumentum requiris, circumspice.）[2]

---

[1] Sir Christopher Wren（1632—1723），著名的英国建筑师和天文学家，死后葬于圣保罗大教堂，该教堂是他的传世作品之一。——译者注
[2] 英文原文：If you seek his monument, look around.

第三十六章　干预主义的危机

第一节　干预主义的收获

过去数十年间，西方资本主义国家所实施的干预主义政策已经产生了经济学家所预测的那些结果。战争（对外战争和内战）、民众遭受专制独裁者的残酷镇压、经济萧条、大量失业、资本消费、饥荒等，不一而足。

然而，最终导致干预主义危机的并非这些惨痛的教训。干预主义的空想家和追随者，把所有这些不好的结果归咎于资本主义的必然特征。在他们看来，正是这些灾难证明了加强干预的必要性。干预主义政策的失败，一点也不会减损干预主义教条的声望。那些失败在经过扭曲的解释后，反倒增强而非减弱了这些学说的威信。由于错误的经济理论不可能轻易地被历史经验推翻，所以，干预主义的宣传者不管已经造成了多么广泛的破坏，还能一直宣传下去。

然而，干预主义的时代就要结束了。干预主义已经耗尽了所有潜能，因此，它必定会消失。

第二节　备用财源的枯竭

所有干预主义政策背后都是这样的想法，即富裕的那部分人的收入与财富是一个能随意用来改善不富裕者生活的备用财源。干预主义政策的精髓，在于从某一群人中索取财货给予另一群人，也就是没收和重新分配。每一项措施，最终都以劫富济贫的公平之举来证明其正当性。

在财政方面，以累进税率征收所得税和遗产税，是这个教条最具代表性的措施。对富人征税，把税收花在改善穷人的生活上，是当代财政预算的指导原则。在劳资关系方面，缩短工时、提高工资率以及其他措施，都是在照顾受雇者和增加雇主负担的原则下推行的。政府和公共事务的每个议题都从这个公平原则出发。

说明这个原则的一个例子，是一些国有企业和市有企业所采用的经营方法。这些企业时常发生财务亏损，经常需要国库或市库注入资金以弥补缺口。我们用不着探讨这些亏损究竟是由于政府在经营生产事业方面众所周知的无效率，还是至少有一部分由于有关商品或服务卖给顾客的价格低于成本。更值得重视的是，纳税人必须承担这些亏损。干预主义者完全赞同这个安排，他们强烈地拒绝其他两个可能的解决办法：把企业卖给私人企业家，或者提高价格（顾客要支付更高的价格）直到不再继续产生亏损。在他们看来，第一个解决办法显然是反动的，因为历史必然的趋势是越来越多的企业国有化。第二个解决办法，他们认为是"反社会的"，因为会加重消费者的负担。让纳税者，即富有的国民负担亏损是比较公平的。这些人的支付能力比较高，高于乘坐国营铁路、市营地下铁、电车和公共汽车的普通民众。干预主义者说，要求这些公用事业的财务自立，是古老的正统财务观念遗风。如果这些公用事业的财务自立，不妨也让一般道路和公立学校的财务自立。

我们不需要和这种导致亏空的政策提倡者争辩。很明显，要使用这个支付能力原则，也得有可以被征收的收入与财富存在才行。一旦这些特别财源因征税和其他干预主义措施而耗尽，这个原则就再也行不通了。

这恰恰是大多数欧洲国家目前的情况。美国还没走到这个地步，不过，它不赶快改变目前的经济政策趋势，用不了几年就会出现相同的情况。

为了论证方便，我们先忽略支付能力原则彻底实施后必然会导致的其他后果，而只专注于财政方面的一些问题。

在主张增加公共支出时，干预主义者不知道可供使用的资金其实是有限的。他未能意识到，某一部门的支出增加，便意味着其他部门的支出缩减。在他看来，一直都会有充裕的金钱可供使用，富人的收入和财富可以随意拿来使用。在建议拨付更多经费预算给各级学校时，他只简单强调花更多的钱办教育是一件好事。他从来不敢承认，提高学校的经费预算，比提高另一部门，譬如卫生部门的经费预算更合时宜。他从来没想到，也许确实有一些重大的理由说明有必要紧缩公共支出和降低民众的税收。在他的眼里,那些主张削减支出的预算者,只是在捍卫富人阶级明显不公平的利益。

在目前这么高的所得税和遗产税率下,干预主义者用于汲取和支配所有公共支出的备用财源正在迅速萎缩。在大多数欧洲国家,所谓备用财源实际上已经不复存在。在美国,与累进制税率的税收相比,最近所得税率的提高仅增加了微不足道的税收。对高收入者征收的那些高附加税率,颇受信奉干预主义的半吊子财经专家和群众煽动家的欢迎,但是,它们仅仅让税收稍微有所增加。[1]事情变得越来越明显了,公共支出的金额要大量增加,是不可能再用"压榨富人"的办法来实现的,而是必须由一般民众来承担。干预主义时代惯用的财税政策累进征税和挥霍支出这两个广受表扬的策略,已经推进到再也掩饰不了它们的荒谬的地步。有一个声名狼藉的原则认为私人部门必须量入为出,而公共部门则须量出为入,这其实是一个自打嘴巴的原则。今后,政府将不得不领悟,一块钱不能花两次,并且政府的各项支出是彼此冲突的。政府支出增加的每一分钱,都必须从某些人的口袋里征收过来,而这些人恰恰是那些在此之前一心一意希望把主要负担转嫁给别人的人。那些渴望获得政府津贴的人,自己必须为这些津贴埋单。公有企业和公营企

---

[1] 在美国1942年通过的法案下,应税收入等级为22 000~26 000美元的人,税率是52%。如果附加税处于这个收入等级,1942年损失的所得税约为249 000 000 或约为当年全部个人所得税的28%。同一年,收入等级在10 000以上的净收入总计是8 912 000 000美元。即使将这些收入全部没收,所获得的税收也没有这一年从所有应税收入征来的税收9 046 000 000美元多。参见战后税收政策委员会的《有偿付能力的美国的税收计划》(*A Tax Program for a Solvent America*)(纽约,1945年),第116—117页,第120页。

业的亏损,将被算在大部分民众的头上。

在雇主和受雇者的关系方面,情况也是相似的。流行的学说声称,赚取工资者获得的"社会利得"来自剥削阶级不劳而获的收入。据说,罢工者不是针对消费者罢工,而是针对"管理阶层"罢工。劳动成本的提高不是提高产品价格的理由,成本差额必须由雇主承担。但是,当越来越多原先分给企业家和资本家的产出份额,被征税、工资率的提高、受雇者的其他"社会利得",以及最高价格管制等政策措施压榨殆尽后,那就再也没有什么东西可以产生缓冲作用了。到那时候,很明显的一个结果是:工资的每次提升,都必定以其全部力道冲击产品价格,并且每一个社会群体所获得的"社会利得",将完全对应于其他群体所蒙受的"社会损失"。每一次罢工,即使就短期、而非仅就长期而言,都将变成一次针对所有人的罢工。

干预主义社会哲学的一个基本要点,就是假设存在一个再怎么榨取也永远榨取不完的财源。当这个财源枯竭时,整个干预主义学说便轰然倒塌。这个圣诞老人般的原则将自我终结。

第三节 干预主义的终结

干预主义必定要结束,因为干预主义不可能维持一个永久的社会组织体制。这主要源于以下三方面的理由。

(1)限制性措施——总是限制产出和可供消费的财货数量。某些限制和禁止也许有(也许没有)很好的实施理由,但是,无论如何,这些措施本身绝不可能构成一套社会生产体制。

（2）各种各样干预市场现象的措施，不仅不能达成提倡者和拥护者希望借由它们达到的目的，而且从这些提倡者和拥护者自己的观点看，其结果比他们先前想要改变的情况更为糟糕。如果为了改正第一波干预行动明显的荒谬之处，而继续增加越来越多的干预措施，那就会越陷越深，直到市场经济被彻底摧毁而被计划经济取代。

（3）干预主义的目的在于，没收一部分人"过多的"收入和财产而分给另一部分人。一旦这所谓"过多的"东西全部被没收，这种政策便再也不可能继续实施。

欧洲各国在干预主义的道路上争先恐后，首先是德国，然后是英国和其他国家，它们采取了中央经济计划——兴登堡式的社会主义。值得一提的是，在德国，主要的干预措施不是纳粹首先采取的，而是在希特勒掌权之前的魏玛共和国时期，在信奉天主教的布朗宁（Brüning）总理执政时便已经实行一段时间了。在英国，主要的干预措施也不是工党首先采取的，而是保守党的首相丘吉尔先生率先实行的。这个事实被某些人利用英格兰银行、各个煤矿场和其他企业的国有化在英国所造成的轰动性影响而加以掩盖。然而，对这些企业的没收只具有次要意义。英国之所以被称为社会主义国家，不是因为某些企业已经遭到正式没收和国有化，而是因为所有国民的一切经济行动都必须遵从政府和代理机构的全面控制。有关当局指导资本和人力在各个产业部门的配置，不仅决定该生产什么、生产多少和质量如何，而且也给每个消费者分配一定的配给数量。政府完全拥有所有经济事务的最高决定权，民众降级为被监护者。商人，即原来的企业家，只剩下准管理者的职能。他们能自由决定的只是在清楚界定的狭窄范围内把有关当局所做的"企业家决定"付诸实施。

我们在前面曾指出，管理系统——将某些辅助企业经营的任务委派给某些尽责的助手，并授予这些助手在一定范围内的自由裁量权——只有在利润制度的框架里才能得以实施。[1]管理者之所以为管理者，之所以有别于纯技术专家，就在于在受委任的职权范围内，他能决定行为方式，因为他的行为方式需要符合利润原则。在一个既没有经济计算，也没有资本会计和利润计算的计划经济计划经济体制里，没有管理者行动的余地。但是，只要一个计划经济国家仍然能够根据国外市场所确立的一些价格进行经济计算，那它也能在某种程度内利用一个准管理阶层系统。

把任何一个时代称作过渡时代，显然都是一种敷衍的做法。活生生的世界永远存在着变化，每个时代都是一个过渡时代。我们可以辨别哪些社会体制能维持下去，哪些社会体制必然是短暂的，因为它们将自我终结。前面已经指出，为什么干预主义将自我终结并最终成为德国模式的计划经济。大部分欧洲国家已经达到这个阶段，没有人知道美国是否将步其后尘。但是，只要美国坚持市场经济，未采取政府完全控制企业的制度，西欧的那些计划经济国家将仍然能够计算。它们的运作模式仍然不具有计划经济模式的特征，即仍然是以经济计算为基础的。因此如果整个世界转向计划经济的话，西欧的那些计划经济国家在每个方面还是非常不同于它们将会变成的模样的。

时常有人说，如果世界的一半是计划经济，那么另一半不可能继续坚持市场经济，反之亦然。然而，人们没有理由相信

---

[1] 参见第十五章第十节。

一个分割的世界——两种体制共存的状态,不可能持续存在。若果真如此,那些已经抛弃资本主义的国家,也许能无限期地维持目前的经济体制。它的运作可能导致社会解体、混乱、贫困。但是,生活水平低下也好、越来越贫穷也罢,都不会自动终结一个经济体制。只有当民众本身足够聪明,足以理解体制的改变将给他们带来什么好处时,他们才会接受一个比较有效率的体制。或者,它会被外来侵略者利用效率较高的经济体制所制造的先进武器装备予以摧毁。

有些乐观者期待,那些在过去发展出资本主义市场经济和资本主义市场文明的国家,在未来也将坚持资本主义体制。但是,支持这种期待的舆论无疑和驳斥这种期待的舆论一样多。面对伟大的意识形态冲突——私有财产制和公有财产制之间的原则冲突,个人主义和极权主义之间的原则冲突,自由和威权统制之间的原则冲突——只是去揣测它们的结果是没用的。关于这些冲突的结果,我们事先所能知道的可以浓缩为下列三点:

(1)我们完全不知道,在这些冲突中存在哪些理性的力量,以及它们怎样运作;人们会不会采用那些可以确保社会纽带和人类物质幸福得以持续改善的意识形态,并且促使这些意识形态获得最后的胜利。没有什么迹象表明,人类朝向更满意的情况前进是必然的,或者退步到非常不满意的情况是不可能的。

(2)人们必须在市场经济和计划经济之间做出抉择。他们不可能以采取某个"中间路线"的方式来规避这两个选项之间的抉择,因为不存在"中间路线"这样的选项,无论他们把它叫做什么。

(3)如果计划经济被普遍采用,那么经济计算将被废除,全面混乱与社会分工合作体系的崩溃便指日可待。

第六篇　经济学的社会地位

第三十七章　经济学的其他性质

第一节　经济学的奇特性

在纯知识领域以及在知识应用领域，经济学的独特地位源于它的独特定理不能根据经验予以证实或证伪。当然，基于合理的经济推理所提出的措施能产生想要达到的效果，而根据错误的经济推理所提出的措施不会达到想要的目的。但措施成败的经验永远是历史经验，也就是复杂现象的经验。正如前面已经指出的，这种经验绝不可能证明或否定任何定理。[1] 应用一些似是而非的经济定理会导致一些意想不到的结果，但这些结果绝不会有自然科学领域的实验事实所展现出的那种无可置疑的说服力。最终判定一则经济定理正确与否的标准是，独立于

---

[1]　参见第二章第一节。

经验之外的纯理性思辨。

这种情况的不妙之处是它会阻碍天真的头脑认识经济学所处理的那些事情的真实性。在人的眼中，"真实"是他所不能改变的一切，如果他希望达到自己的目的，就必须调整自己的行为去适应真实的情况。认清现实是一个令人遗憾的经验过程，因为"真实"告诉人们，愿望的满足有其限度。领悟"真实"让人心有不甘，有些事情，尤其各种事件之间错综复杂的因果关系，不是靠痴心妄想就能改变的。自然科学的实验是毋庸置疑的，经过实验所确认的事实的真实性是可以确定的。

但在行为学知识领域，不管是成功的经验还是失败的经验，都不能用一种每个人都能听明白的语言来表达。完全得自复杂现象的经验，阻止不了人们陷入基于良好愿望的想象。天真的人总以为他自己的那些想法是无所不能的，无论这种想法多么糊涂、多么矛盾，也不会被经验明明白白、毫不含糊地证明为一种错误。经济学家绝不可能像医生驳倒巫师和江湖郎中那样驳倒经济怪咖和骗子。历史，只跟那些知道怎样根据正确的理论解释历史的人说话。

第二节 经济学和舆论

如果我们认识到，要实际应用经济学的一些理论，其先决条件是它们得事先获得舆论支持，那么这种基本认识论差异的意义就变得显而易见了。在市场经济里，要实现一些生产技术创新，只需一个或少数几个明白人确认它们合理即可，无须满足别的什么条件。广大群众再怎么愚笨迟钝,也阻止不了先进的开拓者。开拓者无须事先获得群众的赞同,开拓者可以自由实践他们自己的计划,即使别人都嘲笑他。后来,当质量比较好、比较便宜的新产品出现在市场上时,连那些嘲笑者都将争先恐后地抢购。一个人再怎么愚钝,也知道如何分辨一双比较便宜的鞋子和一双比较昂贵的鞋子的差别,也知道怎样评价新产品的用途。

但是,在社会组织和经济政策方面,情况就不同了。在这里,如果没有公众舆论的支持,再好的理论也没用——如果不被大多数人接受,它们就不可能发挥作用。不管什么政治体制,都不可能以与公众意见相悖的教义为基础长久地统治一个国家。最终,总是为多数人接受的哲学获胜。长期而言,不可能有不受大众欢迎的政治体制存在。是否存在民主和专制不影响最后的结果,而只涉及用什么方法调整政治体制,以适应舆论认可的意识形态。不受大众欢迎的专制君主只能由革命斗争废黜,而不受大众欢迎的民主统治者,则会在下一次选举中被和平赶下台。

舆论霸权不仅决定经济学在错综复杂的思想和知识体系中所占据的那个奇特角色,也决定了整个人类的历史。

关于个人在历史过程中所扮演的角色,一般的讨论并未抓住要点。每一件被想到的、被做到的和被完成的事情都是某些个人的所作所为。新观念和新事物永远是一些伟大人物的成就,但是,如果这些伟大人物未说服大众相信他们,他们便不可能成功地按照他们的计划改变社会状况。

人类社会的繁荣依靠两个因素:超凡的人物有能力构思一些健全的社会经济理论;这些超凡者或其他人有能力说服多数民众接受这些意识形态。

第三节　老一辈自由主义者的错觉

广大群众，也就是许许多多的普通人，并没有什么健全或不健全的思想。他们只在人类的知识领袖发展出来的各种意识形态之间做选择。但他们的选择是最终的选择，并将决定事态的发展。如果他们选择坏的学说，那么什么也阻止不了灾难的发生。

启蒙时代的社会哲学家并未意识到不健全思想的流行可能造成的危害。古典经济学家和功利主义思想家宣扬理性主义。通常人们针对该理性主义的反对意见是徒劳的。但是，古典经济学家和功利主义思想家的理性学说确实有一个缺点：他们轻率地假设凡是合理的都将延续下去，只因为它们合乎理性。他们从未想过，舆论可能支持一些似是而非的意识形态，尽管实际应用这些意识形态将有损于大众的福利和物质幸福，乃至瓦解社会合作。

过去有些保守思想家曾批评自由主义哲学家，不该如此信任普通人，如今又开始流行蔑视这些保守思想家。然而，伯克和哈勒（Burke and Haller），以及博纳尔和迈斯特尔（Bonald and de Maistre）注意到了一个被自由主义者忽略的基本问题。在评估群众的能力方面，这些保守思想家比他们的对手更为实事求是。

当然，这些保守思想家本身也陷入了错觉，误以为传统的威权统治体制和传统僵化的经济制度可以保存下来。他们对在法国大革命之前曾经使人们繁荣，甚至使战争人性化的旧社会政治制度赞誉有加。但他们未看出，恰恰是这些"成就"使人口增加，从而使一部分人口在旧的经济（限制主义）体制中没有立足的空间。保守思想家希望把这部分人摒弃在长久维持的社会秩序外，而保守思想家对这一阶层的成长视而不见。对于人类在"工业革命"前夕最迫切需要解决的这个问题，他们提不出任何解决办法。

资本主义给了这个世界所需要的东西，为数量不断增加的人口提供了更高的生活水平。但是，作为资本主义的先驱和支持者，自由主义者忽略了一个基本要素。无论一个社会制度多么有益，如果它没有获得舆论的支持，那它就不可能得以实行。他们没有预料到，反资本主义的宣传会获得成功。在戳破并废弃"君权神授"学说的神话故事后，自由主义者同样陷入了虚幻的学说陷阱，误以为理智的力量不可抗拒，误以为公共意志（volonté générale）万无一失，误以为大多数人都得到了神灵的启示。他们以为，长期而言，什么也阻止不了社会的不断进步；以为在揭露了许多古老的迷信之后，启蒙时代的哲学已经一劳永逸地确立了理智的霸权；以为自由放任的经济政策成就将为自由主义所承诺的祝福提供压倒性的证明，以致没有哪一个聪明人胆敢质疑它。而且，这些哲学家还表明，绝大多数人是聪明的，能够正确地思考。

老一辈的自由主义者从未想到，大多数人竟然能根据其他哲学解释历史经验。他们未预料到，一些他们将之称为反动、迷信和不合理的观念，在19世纪和20世纪居然会大受欢迎。他们一股脑儿地认定人们全都具有正确的推理能力，以致他们完全误解了一些征兆的含义。在他们看来，对于从永恒观点看待人类历史的哲学家来说，所有这些令人不愉快的征兆，都是一时的故态复萌和一些意外的小插曲，用不着过于在意。无论那些反动者说了什么，永远都有一个事实是他们否认不了的，即资本主义提高了迅速增长的人口的生活水平。

　　这个事实恰恰是绝大多数人所质疑的。有些学说认为资本主义导致庞大的劳工阶级越来越贫穷。对于资本主义国家来说，这个定理的谬误是不容忽视的。对于那些仅在表面上受到资本主义影响的落后国家来说，人口空前增长很难和资本主义使大多数人越来越贫穷的解释联系在一起。和较发达的国家相比，这些国家确实贫穷。他们的贫穷是人口迅速增长的结果。这些国家的民众向来宁可选择繁衍更多的后代，而不选择提高生活水平。这是他们自己的事情，和资本主义无关。不过，事实就是他们有足够的财富延长平均寿命，如果生存手段未曾改变，他们将不可能养育更多的后代。

第三十八章　经济学在学术界的地位

第一节　经济学研究

　　各门自然科学总是以实验室的实验所确认的事实为基础。物理学和生物学的理论则被拿来和这些事实相比较，如果它们与这些事实相抵触就必须被抛弃。自然科学理论的完善，与生产技术以及医疗程序的改善一样，需要更多、更好的实验室研究。而这种研究耗费时间，并且需要许多专家的辛勤努力，以及使用昂贵的材料。一文不名的科学家，即便是一个天才，也不能独立进行这种研究。当今实验工作的中心是政府、大学、基金会和大企业支持的一些大型实验室。在这些实验机构里，研究工作已发展成职业性的例行程序。那些受雇在里面工作的人大多是技术人员，他们开展实验，记录一些数据，并把这些东西提供给研发者，以在将来成为构建或改进理论的基础。当然，这些技术人员中也可能出现一些专门的研发者。就科学理论的进步而言，普通研究者的实验成就只具有辅助作用，但他的一些发现对于改善医疗方法和企业生产技术往往有立竿见影的效果。

但是，人们忽视了自然科学和人类行为科学之间在认识论方面的根本差异，很多人以为要增进经济学知识，就必须按照医学、物理学和化学等研究机构经过反复试验并取得卓著成效的那些方法来组织经济学的研究工作。在经济研究的名义下，他们已花费了巨量的资金。其实，所有这些经济机构的研究主题都是近代经济史。

鼓励经济史的研究无疑是一件值得支持的事情。然而，无论这方面的研究成果多么有益，也绝不可和经济学的研究混为一谈。经济史的研究不会产生实验室检测结果那种意义上的事实，也就是它不会提供"一砖一瓦"，以用来构建或改进一些后验的假设和定理。相反，如果不按照一些事先（在没参照经济史的情况下）发展出来的理论加以解释，那么经济史的研究就毫无意义。这里无须就这一点给前面几章所说的东西补充些什么。任何关于历史事件的成因或结果的争论，绝不可能不需要一定的行为学理论的指导就妄想直接根据事实考察加以解决。[1]

譬如，建立一些癌症研究机构可能有助于发现某些方法治疗或预防这种恶性疾病。但建立一个商业周期研究机构，对于

---

[1] 关于这里所涉及的基本认识论问题，参见第二章第一至第三节；关于"计量"或"定量"经济学的问题，参见第二章第八节和第十六章第五节；关于资本主义下劳工生活情况的解释，参见第二十一章第七节。

怎样避免经济萧条反复发生是毫无帮助的。把所有关于过往的经济萧条数据以最精确、最可靠的方式收集起来,对于理解经济萧条的成因也不会有什么用处。经济学者并非对于这些数据有什么不同意见,而是对于该采用哪些定理解释这些数据有不同意见。

其实更为重要的是,如果历史学家未在研究一开始便参照某些已被认可的理论,那他甚至不可能收集关于某个事件的资料。历史学家不会报告所有事实,而只会报告那些他自己根据相关理论所认为的有影响力的事实,并省略那些他认为对于历史事件的解释无关紧要的资料。如果他被错误的理论所误导,他的报告就会变得拙劣不通,甚至一文不值。

再怎么忠实考察某一时期的经济史(即使是刚过去的一段历史),也不可能让经济史取代经济思想。与逻辑和数学一样,经济学是一种抽象推理。经济学绝不可能是实验的和实证的。经济学家不需要什么昂贵的仪器或机构来帮他进行研究。他需要的是清晰的思考能力,即能从纷繁复杂的种种事件中识别出什么是本质的,什么是偶然的。

经济史和经济学之间并不存在冲突,每一门知识都有它自己的长处和正当性。经济学家从未试图鄙薄或否定经济史的重要性。同样,真正的历史学家也不会反对研究经济学。经济史和经济学之间的对立,是计划经济者和干预主义者蓄意编造出来的,只因为他们无法反驳经济学家针对他们的学说所提出的反对意见。德国的历史学派和美国的制度学派之所以试图取代经济学,试图以一些"经验"研究取代经济学,就是因为他们希望压制经济学家的声音。在他们的计划中,经济史是摧毁经济学威信的一个手段,也是宣传干预主义的一个手段。

第二节　作为一门职业的经济学

早期的经济学家致力于研究经济学问题，他们在讲授经济和著述经济学著作时，渴望把研究成果传达给每一个人。他们试图影响舆论，希望健全的政策得以胜出，从而有助于公共事务的处理。他们从未想到经济学可以作为一门谋生的职业。

职业经济学家这一行的发展是干预主义的产物。职业经济学家是帮助政府设计各式各样市场干预措施的专家。[1] 他们是经济立法方面的行家，而当今经济立法的目的，总是在阻碍原本未受干扰的市场经济的运行。

成千上万种职业的专家，在各级政府里，在各政党和压力团体里，在党报和压力团体的期刊编辑室里，忙碌地工作着。另外有一些被企业聘为顾问，或自己经营独立的顾问机构。他们中的一些人在全国乃至全世界享有声誉，许多人是他们国家最有影响力的人物之一。这种专家时常被聘请去监督和指导一些大银行和大公司的业务，他们被选进立法机构，乃至被任命为内阁部长。在政治事务的最高领导阶层，他们和律师并驾齐驱，他们所扮演的显赫角色是我们这个干预主义时代最具代表性的特征。

在这样一群地位这么重要的人士中，无疑有一些极具才气的人，甚至是我们这个时代最杰出的人才，但是，他们的行动理念使他们的眼界变窄。由于他们和特定的政党或压力团体利益相关，并渴望获得特权，因此他们变得心术不正，对于他们

---

[1] 关于职业经济学家如何帮助政府达到一些政治目的，一个有趣的例子，参见本书第三十一章第六节：《关于纳粹易货协定的一些评论》。——译者注

所提倡的那些政策的一些长期后果，他们选择视而不见。对他们来说，什么都不重要，除了他们此时此刻所任职的团体的短期利益。他们努力的最终目的是使他们所服务的团体成功，不管其他人将会牺牲什么。他们全力说服自己：人类的命运和他们所任职的团体的短期利益是一致的，并试图向社会大众推广这个观念。为了提高白银、小麦或糖的价格，为了提高工会成员的工资，为了对更便宜的外国货征收关税，他们声称自己在为人间至善、自由和正义、国家的繁荣兴旺以及人类文明而奋斗。

　　社会大众对游说立法的说客侧目而视，将干预主义式立法所引发的弊端归咎于这些游说者。然而，祸根远比这些台前的说客还深，各式各样压力团体的哲学早已渗入立法部门。在当今国会里，有小麦种植业代表、畜牧业代表、农会代表、银矿业代表、各工会代表，也有扛不住国外竞争而亟须关税保护的特定产业代表，以及其他许多压力团体的代表。他们当中很少有人认为，国家比他们所代表的压力团体更为重要。行政部门的情况也是一样的。内阁农业部长认为自己是农业利益的捍卫者，他的主要目标是使食物价格飙涨。而劳动部长则认为自己是工会的捍卫者，首要目标是使工会尽可能强大无敌。每个部门都自行其是，并尽力压制其他部门的努力。

　　许多人现在抱怨政府缺少创造性的政治家才能。然而，在干预主义观念占优势地位的情况下，政治生涯只对那些认同某个压力团体利益的人敞开大门。一个工会领袖或一个农会干事的那种心态，不是一个有远见的政治家必备的心态。服务于某个压力团体的短期利益，不利于培养和造就伟大的政治家所必备的那些素质。治国之道永远在于长期政策，但压力团体不在乎长期利益。德国魏玛政府和法国第三共和国的失败，主要就是因为他们的政客是维护压力团体利益的专家。

第三节　作为一门职业的商业预测

当商人终于看到，信用扩张所造成的经济暴涨不可能一直持续而必定会导致经济萧条时，他们才意识到，及时获知崩溃何时到来对他们来说是很重要的一件事。于是，他们转而向经济学家请教。

经济学家知道经济暴涨必定会导致萧条，但他不知道，而且也不可能知道经济危机将在何时出现。这主要是因为个案的特殊情况以及许多政治事件都可能影响结果。事实上，没有任何规则能推算出经济暴涨将持续多久，或接下来的衰退会持续多久。即使有这样的规则，对商人来说也不会有什么用处。一个商人若想避免损失，就要在其他商人仍以为崩盘的时日还很远（远于实际发生崩盘的日子）时，便已经能够预知经济将出现转折的那个时点了。那么，他洞烛先机的知识将带给他机会，让他得以按某一方式安排个人的生意，以便毫发无伤地度过崩盘期。但是，如果暴涨结束的时间可以按照某个公式计算出来，则所有商人将同时知道萧条的起点。于是，他们将利用这个信息并努力调整业务经营，这样做的结果就是立即导致萧条的出现。这时，对他们来说，要避免受害，为时已晚。

如果真能计算出未来的市场状态，未来将是确定的，也不会有企业家利润或亏损。人们对经济学家的期待，其实超出任何凡人力所能及的范围。

妄想未来是可预测的，妄想某些公式能取代企业家个人的了解（妄想剥除企业家行动的本质），妄想任何人只需要熟悉一些公式便能够接管企业经营——这些妄想就是当今所有反资本主义政策的种种谬论和误解纠缠在一起所必然衍生的结果。现在使用"首倡者"和"投机者"这两个名词时总带有侮辱人的意味。这个事实清楚地表明，我们这个时代的人甚至想都没想过行为的根本问题究竟是什么。

企业家的判断力是市场上绝不可能买到的东西之一。坚持下去并最终带来利润的企业家创意，正是大多数人没想到的创意。产生利润的不是正确的预见，而是优于别人的预见。奖赏只归于那些未随波逐流、不让自己被众人的错误所误导的坚持己见者。某人之所以获得利润，仅仅是因为他对未来需求预先做了充足的准备，而这正是别人所忽视的。

如果他们充分相信自己的计划是合理的，企业家和资本家便会赌上自己的物质幸福。他们绝不会明知危险，还会听信某个专家的劝告而冒险赌上自己的经济生命。那些进出股票市场和商品交易所的无知民众，注定要输掉家当，不管他们从什么地方获得灵感和内线消息。

事实上，经济学家和商人都充分意识到了未来是不确定的。商人在知道经济学家不可能提供任何关于未来的可靠信息的同时，也知道经济学家所提供的信息充其量只是对过去的一些统计资料的解释。对资本家和企业家来说，经济学家对于未来的看法不过是一些揣测。资本家和企业家是多疑的，很难被愚弄。但是，由于他们十分确信，掌握所有可能影响他们事业的信息是有益的，所以他们会订阅一些刊载商业预测的报纸和期刊。

大企业由于不想忽略任何消息来源，还会雇用一些经济学家和统计学家当幕僚。

如果妄图消除未来的不确定性和移除企业家功能中固有的投机性质，那么商业预测绝不会成功。但是，如果将其用于收集相关数据和解释刚过去的经济趋势与发展，它倒是可以提供一些服务。

第四节　经济学和大学

依靠税收支持的大学，必然要接受执政党的操控。有关当局试图任命某些特定人士当教授，以宣扬当局赞同的理念。当今的所有非计划经济体制的政府，坚定地致力于干预市场经济，所以他们只任命支持干预主义的人。在他们看来，大学的首要任务是把官方的社会哲学灌输给年轻一代[1]他们用不着经济学家。

然而，干预主义也在许多独立大学盛行。

按照传统，大学存在的目的不仅是传授已有的知识，还要促进知识的更新与科学发展。大学教师的责任并非只是把别人研究出来的知识体系传授给学生。他理应通过自己的工作对扩大知识宝藏有所贡献，他理应是全球学术界里有充分资格的一

---

[1] G. 桑塔亚那（G. Santayana）在讲到柏林大学（当时名为皇家普鲁士大学）的某位哲学教授时，有这样的评论：似乎对于这位仁兄来说，"一个教授的工作就是在政府划定的小径上拖着一船合法的货物艰难地行走"。参见《人口和地方》(Persons and Places)（纽约，1945年，第二卷）第7页。

名学者，是通往更多、更好知识大道上的创新者或先驱。没有哪一所大学会承认，自己所聘请的教授在各自的领域里比别人差。而每一个大学教授也都会认为自己比得上所在学科里的其他大师。就像最伟大的大师那样，他对学术进步也贡献了自己的一份力量。

所有教授都是平等的，这个想法当然纯属虚构。天才的创作和一个专家就某个小小的主题发表的专论之间有巨大的差别。不过，在经验研究领域倒是可以保留这个虚构的想法。在他们的学术研究中，伟大的创新者和头脑简单、缺乏创意的墨守成规者都采取相同的研究技术程序。他们安排实验室做实验或收集历史文件；他们的研究工作从表面看没有什么不同；他们的著作涉及相同的主题以及解决相同的问题；他们旗鼓相当，在同一水平线上。

然而，在一些像哲学和经济学这种理论性的科学方面，情况就不同了。这里没有什么是墨守成规者按照千篇一律的模式便能够获得的新知识，没有什么任务需要专论撰述者认真负责地辛勤苦干，没有经验或实证研究。一切都必须凭借反思、冥想和推理能力来达成。没有什么专门化的研究，因为所有问题都彼此联结在一起。处理这种知识体系的一部分，事实上就是在处理整个体系。某位知名的历史学家就曾经这样形容博士论文在心理学和教育方面的意义，他说，论文让撰述者获得自信，虽然这种自信只涉及一个小小的学识角落，可是他对这个角落的认识却不输给任何人。很明显，一篇以经济分析为主题的毕业论文不可能有这种效果。在经济思想体系里，没有这种孤立的角落。

在同一时代，对经济学有重要贡献的人从未超过 20 个。在经济学方面具有创造力的人和其他知识领域一样少。此外，许多创造性经济学家并不担任教职。但是，大学和学院需要成千上万个经济学教师。按照学术界的传统，他们每个人都被要求有原创性的著作，而不是仅仅通过编写教科书和教学手册来证明自己的价值。一个大学教师的名誉和薪水多半取决于他的著作，而非他的教学能力。作为教授，他不得不写书出版。他如果觉得自己不适合写经济学方面的书，便会转向经济史或叙述性经济学。但是，这未免有些丢脸，于是他必定会坚称他所处理的问题是真正的经济学，不是经济史。他甚至会厚颜无耻地宣称，他的那些著作所涵盖的唯一纯正的经济研究领域，是实证的、归纳的和科学的，而"躺坐在靠背椅上空想的"理论家的那些纯演绎的论述都是没有用的推测。如果他坚持这一点，他就得承认，经济学教师分成两类，一类是那些对经济思想的进步有贡献的，另一类则是没有贡献的，尽管后者在其他学科，譬如，最近的经济史中也许有很好的著述表现。于是，大学里的气氛变得不利于经济学的教学。许多教授——幸好不是所有教授——致力于蔑视"纯理论"。他们漫无目的地收集和整合一堆历史资料和统计资料，并试图用它们取代经济分析。他们把经济学分解成几个独立的自成一体的部门，分别专攻农业经济学、劳动经济学、拉丁美洲经济学和其他类似的"学科"。

大学教育的一个任务，无疑是使学生熟悉一般的经济史以及最近的经济发展。但是，如果所有这些努力不是牢牢地建立在彻底熟知经济学的基础上，那么这些努力是注定要失败的。经济学绝不容许把它分裂成几个特殊学科。经济学所处理的主题，永远是所有行为现象之间的互连性。如果每一个生产部门都被单独予以处理，交换学的问题不可能清晰可见。研究劳动和工资，不可能不连带处理商品价格、利率、利润和亏损、货币和信用，以及其他重大问题。在一个专门讲述劳动的课程中，不可能真正触及工资率的相关问题。没有诸如"劳动经济学"或"农业经济学"这种专门的经济学，只有作为一个整体的经济学。

这些所谓的专家在讲课和著作中处理的不是经济学，而是各个压力团体的教条。他们忽视经济学的思辨方法，所以在面对压力团体为了争取特权所炮制出来的意识形态之网时，根本无力逃脱，最终成为干预主义思想的俘虏。即使是那些未公开与某个特定压力团体站在一起的专家，尽管他们口口声声地说会保持超然中立，也仍会在不经意间赞同干预主义的一些基本教条。一方面，他们专门处理各式各样、多如牛毛的政府干预措施；另一方面他们不希望坚持所谓的纯否定主义或消极主义。所以，每当他们批评政府所实行的干预措施时，都只是为了宣传自己所倾心的干预措施。他们毫不犹豫地赞同干预主义的基本论点，并认为未受干扰的市场经济是不公平的，因为它伤害了广大群众的切身利益，仅仅使铁石心肠的剥削者受益。在他们看来，凡是证明干预主义无益的经济学家，肯定都是被大企业收买了，从而成为大企业不公正要求的辩护者。所以，阻止这种恶棍进入大学，以及阻止他们的论文发表在大学教师协会主办的期刊上，是绝对必要的。

于是，学生被搞糊涂了。在数理经济学家的课堂上，他们被灌输了一堆公式，这堆公式描述的是假想的均衡状态，其中不再有任何关于人的行为的内容。学生们很容易就会发现，这些方程式对于理解经济活动没有任何用处。而在一些专家的课堂上，学生们则听到一大堆关于干预主义措施的细节。他们必然推断出，实际的经济情况荒谬极了。因为均衡从来不存在，而且工资率和农产品价格也没有工会或农夫希望的那么高。很明显，激进的改革是绝对必要的。问题是，该采取哪一种改革方式呢？

大多数学生会毫无保留地拥护教授们所推荐的那些干预主义"万灵丹"：如果政府实行最低工资率，并且提供给每个人足够的食物和住宅，或者如果政府禁止销售人造奶油和进口外国蔗糖，社会状况将是完美且令人满意的。他们未能看出老师话里的矛盾。他们的老师在头一天悲叹市场竞争的疯狂，隔天却又悲叹独占的祸害；头一天抱怨价格下跌，隔天又抱怨生活成本上涨。他们取得了学位，然后试图尽快在政府或某个强大的压力团体里谋得一份工作。

但是，许多年轻人足够敏锐，他们能够看穿干预主义的种种谬误。他们接受了老师的价值判断，也排斥未受干扰的市场经济，不过，他们不相信零零星星的干预措施能够成功达成干预措施所追求的目标。他们逻辑自洽地把老师的想法推衍到最终的逻辑结果。于是，他们转向计划经济，他们为苏联体制而欢呼，认为那是一个新的和更好的文明的开端。

第五节　通识教育和经济学

在一些国家，如果没有不同语言群体之间斗来斗去的烦恼，如果教育的内容仅限于阅读、书写和算术，那么公立的国民教育就可以发挥很好的作用。对于聪明的孩子，甚至可以给他们传授关于几何、自然科学和国家现行法律的一些基本观念。然而，一旦希望教育更进一步，就会碰到一些严重的困难。在初级教育阶段，教学必然变成灌输、教化，不可能把一个问题的所有方面呈现给孩子，让他们在各种不同的观点之间做选择。没有老师能够把自己不赞同的观点，以某种让赞同者觉得满意的方式传递给学生。管理学校的党派不仅能够宣传自己党派的信条，还能蔑视其他党派的信条。

在宗教信仰教学方面，19世纪的自由主义者以政教分离的方法解决了这个问题。在自由主义国家，公立学校不再传授宗教信仰。但是，父母可以把自己的孩子自由地送进宗教团体所支持的教会学校。

然而，这里的问题不仅涉及传授宗教信仰或传授某些与《圣经》相悖的自然科学理论，它甚至还与怎么教历史或怎么教经济学有关。

一般人仅在谈起历史教学的国际含义时才知道有这种问题。现在有些人会谈论是否该从历史教学中去除民族主义和沙文主义的影响，但是，很少有人意识到，在处理历史教学的国内含义时，公正性和客观性问题也同样存在。老师本人或教科书撰述者本人的社会哲学会使他们的叙事染上个人色彩。讲解越是简化和浓缩（以使孩子和年轻人还不怎么成熟的心灵能够理解），其偏见和主观色彩便越浓厚。

在干预主义者看来，学校里的历史教学已经因为全盘接受老一辈自由主义的理念而被污染了。他们希望以自己的历史解释取代资产阶级的解释。有学者认为，英国1688年革命、美国独立革命、法国大革命和19世纪欧洲大陆的革命运动，都是资产阶级的运动。它们导致了封建制度的溃败和资产阶级霸权的建立。无产阶级群众在当时未能获得解放，而只是从世袭贵族阶级的统治过渡到资本主义剥削阶级的统治。若要解放工人，就必须废除资本主义的生产模式。至于如何废除，干预主义者声称，应该通过社会政策或新政来实现；有些学者则断言，只有通过暴力推翻资产阶级的统治体制，才能有效地解放无产阶级。

要处理任何一个时期的历史，就必须对这些有争议的问题和经济学说表明一定的立场。每一则关于过去三百余年间的事件的陈述，都已表明人们对这些争议已做出了一定的判断。

在高中，甚至在大学，历史和经济知识的传授实际上是灌输式和教化式的。大部分学生无疑还不够成熟，还不能鉴别对错，不能批判性地检视老师对课题的阐述，不能独立地形成自己的看法。

如果国民教育比实际发挥的效果更有效，那么各政党将会急着想要控制学校系统，以便决定这些科目该怎么教和教什么。然而，在年轻一代的政治、社会和经济理念的形成过程中，通识教育只扮演了一个次要角色。报纸、广播和周围环境潜移默化的影响，远比教师和教科书的影响大。教会、政党和压力团体的影响力远胜于各级学校，无论教什么或怎么教。在学校里学到的东西，即使没有很快被遗忘，往往也会因为经受不住日常生活环境的反复敲打而变形。

第六节　经济学和公民

经济学绝不应该局限于教室和统计部门，也绝不应该在少数人的圈子里秘密流传。它是关于人生和人的行为的哲学，关系到每个人和每件事。它是人类文明以及人之所以为人的必不可少的精髓。

上述事实并非自夸。今天把经济学推向突出地位的不是经济学家，而是所有的人。

当今所有的政治议题，都涉及被称为经济问题的问题。在当前关于社会和政治事务的讨论中，所有争执都涉及行为学和经济学的根本问题，每个人的心里都盘踞着某些经济学说。与从前哲学和神学所研究的那些问题相比，哲学家和神学家现在对于经济问题更感兴趣。小说和戏剧现在也从某些经济理论的角度处理所有世俗事务，包括两性关系。每个人都会想到经济学，不管他本人知不知道经济学。在加入某个政党时，以及在投下他的选票时，每位公民都表明了基本经济理论的立场。

在16世纪和17世纪，宗教是欧洲政治争论的主要议题。在18世纪和19世纪的欧洲和美国，最重要的问题是代议制政府相对于王权专制之争。今天，最重要的问题是市场经济和计划经济的争论。这当然是一个要完全依靠经济分析来解决的问题。诉诸空洞的口号或者诉诸唯物辩证论那种神秘主义是没用的。

任何人都没有办法逃避个人的责任。不管是谁，如果他不能竭尽所能地检视上述争论所涉及的所有问题，就等于自愿把与生俱来的权利交给某个自封为"超人"的精英。在这种至关重要的问题上，盲目地依赖某些"专家"和不加鉴别地接受一些口号或成见，就等于放弃了自己做决定的权利，也只能屈服于别人的控制。既然目前的情况是如此，那么对每个聪明人来说就没什么比经济学更为重要的了。他自己以及后代子孙的命运危如累卵,这与他对经济学的理解息息相关。

很少有人能够给经济思想体系贡献什么重要的观念,但是,所有理性的人,都应该花一些时间熟悉经济学的学说,这是我们这个时代公民最主要的责任。

不管我们喜不喜欢,经济学都不能一直是一门只有少数学者、专家才能掌握的深奥知识。经济学处理的是社会的一些根本问题;它关系到每个人,也属于每个人;它是每个公民的主要的和适当的研习课题。

第七节 经济学和自由

在处理公共事务时,经济观念的影响至关重要。它解释了为什么政府、政党和压力团体热衷于限制经济思想自由。他们急于宣传"好的"教条,也同样急于压制"坏的"教条,不让它们发出声音。在他们看来,真理本身欠缺力量,不能独立取得最后的胜利。真理若想屹立不倒,就需要警察或其他武装部队暴力支持。从这个观点来看,判定一个学说是真还是假的标准,在于支持者实际上是否以武力成功地击败了持异议者。指挥世俗事务的上帝或某个神秘力量,总是让那些为正当理由而战的一方获胜。政府是上帝派遣的,肩负着根除异端邪说的神圣使命。

这个不容异己并主张迫害异议者的学说,有许多矛盾和不一致的地方。不过,详述这些矛盾是无济于事的。尽管这个世界从未见过像现代政府、政党和压力团体这样设计巧妙的宣传手段与压迫体制。然而，一旦遭到某个伟大意识形态的攻击，所有宣传手段与压迫体制将像纸牌屋那样立即倒塌。

今天，经济学的研究，不仅在一些野蛮的独裁者所统治的国家中被宣布为非法，甚至在一些所谓的西方民主国家也是这样。经济问题的公开讨论，几乎完全不顾过去两百余年经济学家的一切论述。关于商品价格、工资率、利率和利润的讨论，就好像它们不受任何经济法则制约似的。政府试图规定最高商品价格和最低工资率。政治家劝说商人削减利润、降低价格、提高工资率，就好像这些事情可以只凭商人的心意而定。在处理国际经济关系时，人们轻率地诉诸最幼稚的重商主义谬论。很少有人知道这些流行学说的缺点，也很少有人知道为什么以它们为根据的政策总是会散播灾难。

这些都是令人遗憾的事实，然而，人们面对它的唯一方式是：追求真理，永不懈怠！

第三十九章　经济学和人生的一些基本问题

第一节　科学和人生

人们习惯于对现代科学吹毛求疵，因为它不能表达价值判断。他们说，活生生的并且随时行动的人，用不着价值中立（Wertfreiheit），他需要知道应该追求什么目标。如果科学不回答这个问题，科学就是没用的。然而，这个反对科学的理由是无稽之谈。科学不做价值判断，但科学提供了行为人的所有价值判断可能需要的一切信息。科学只在面对如下这个问题时才保持缄默：生命本身是否值得活下去？

这个问题当然曾被人提起，而且永远都会有人再提起。如果最终谁也躲不过死亡和化为尘土，那么所有人世间的努力和行为有什么意义呢？人始终活在死亡的阴影下。无论在人生的朝圣旅程中有过什么成就，他终有一天会死去，从而抛下曾经缔造的一切，每一刻都可能变成他的最后一刻。关于每个人的未来，只有一件事是确定的，那就是死亡。从这个最终和不可避免的结果来看，所有人世间的努力奋斗显然都是徒劳无益的。

再者，人的行为即使仅就眼前的目标而言，也必须被视为无意义的，它绝不可能带来完全的满足。它仅仅在某一瞬间消除了部分不适感。而且，一旦某个需要满足了，许多新的需要便会蹦出来要求得到满足。据说文明使人变得更贫乏，因为它老是增加人们对获得某种东西的渴望，它从未削减欲望，反而煽起更多的欲望。人们所有不辞辛劳的忙碌、苦干和买卖，人们的匆匆忙忙、汲汲营营和熙熙攘攘，都是愚蠢、荒谬的，因为它们既未提供幸福，也未提供平静。内心的平静与安详不可能借由行动和世俗的野心赢得，而只能经由克己和凡事认命的修养赢得。智者唯一该做的就是避免一切行动，把自己变成纯粹沉思冥想的存在，并保持静止的修养状态。

然而，所有这种不安、疑虑和犹豫，都被"人的生命能量"这股不可抗拒的力量克制住了。没错，人不可能逃避死亡，但是，此刻他还活着。是生存，而非死亡缠住了他。无论将来等待他的是什么，他都不能从此时此刻的迫切需求中退缩。只要一个人还活着，他就不得不服从于生命力（élan vital）的基本冲动。人的天性要他保持和强化生命，要他感到不满意以及采取行动消除不适感，要他追求可以被称为幸福的境界。在每个活着的生物身上，都有一股无法解释和无法分析的 Id[1] 在发挥作用。这个 Id 是所有冲动的动因，是迫使人进入生命和行动领

---

[1] 指精神分析中的本能或冲动。——译者注

域的那股力量,是无法根绝的原始渴望——渴望更圆满和更幸福的存在状态。只要人还活着,它就要发挥作用,只有当生命之火熄灭时,它才停止作用。

人的理性为这股生命冲动服务。理性的生物性功能,就是保持和提升生命,并尽可能延后生命之火熄灭的时间。思想和行为,并不违反本性,反倒是人的天性中最重要的特征。将人与非人类生物相区分的最恰当描述是:这一生物,有意且努力地与各种不利于其生命的力量相抗争。

因此,说什么非理性因素至为重要,都是没用的空话。我们的理性不能完全解释、分析或想象宇宙为什么存在,但有一个狭窄的范围留给理性运作,让人能够在某种程度上消除不适感。这就是理智和理性的领域,也就是科学和有目的的行动的领域。尽管它的范围很狭窄,人在其中所能获得的成果极其有限,但不足以让人觉得他应该浑浑噩噩地听天由命,了此一生。再怎么精细、微妙的哲学论证,也不可能阻止一个健康的人采取一些他认为可以满足其需要的行为。或许,在人的灵魂最深、最隐蔽的角落,有一种渴望——渴望纯粹的植物性的生存,不受干扰、完全平静和绝对静止。但在活人身上,这些欲望,无论是什么,都不比采取行动改善自己的处境的冲动来得强大。凡事认命的心态一旦占了上风,人就死了,但他不会变成一株植物。

没错,行为学和经济学没告诉一个人应该保护生命还是放弃生命。生命本身,以及所有创造生命并使它生生不息的未知力量,都是终极的赐予,因此超出了人的科学范围。行为学的主题只是人的生命的基本表现,也就是行为。

第二节 经济学和价值判断

有许多人责怪经济学对价值判断保持中立，另外一些人却责怪经济学喜欢做价值判断。有些人声称，经济学必然是要做出价值判断的，所以不是真正的科学，因为判定是否科学的标准是价值中立。另外有些人则认为，好的经济学应该而且可以是价值中立的，只有不好的经济学才会违背这个基本要求。

这些问题中的语义混淆，是许多经济学家在用字遣词上不够精确所致。假设某个经济学家研究某个措施 a，想看看它能否产生人们想要达到的结果 p，却发现 a 不会产生 p，而是产生 g；而对于这个结果 g，即使支持措施 a 的那些人也认为是不可取的。如果该经济学家在陈述研究结论时说，a 是一个糟糕的措施，他可不是在做出一个价值判断。他只是说，对于想要达到目标 p 的人来说，措施 a 是不适当的。主张自由贸易的经济学家正是在这个意义上抨击贸易保护主义。他们证明了，贸易保护不会像主张贸易保护的人所相信的那样增加商品的总产量，而是会减少商品的总产量。所以，从那些喜欢更多商品供给而不是更少供给的人的角度来看，贸易保护是不好的。经济学家正是在这个意义上，从各种政策所追求的目标来批评各项政策的。如果经济学家宣称最低工资率是不好的政策，那么他的意思是，该政策的实施结果与该政策的实施目的背道而驰。

行为学和经济学从同一观点看待人类生存和社会演进的根本原理——社会分工下的合作，认为它是一个比自给自足、各自谋生更有效率的行为模式。行为学和经济学没说人们应该和平地在社会联结的框架内合作，他们只是说，如果人们希望使自己的行为比其他方式更为成功，就必须这样做。经济学家认为，人们之所以服从社会合作的建立、保持和增强所需的那些道德守则，并不是在为某个神秘的东西奉献牺牲，而是在采取最有效率的行为模式，即为了得到一些他们认为具有更高价值的回报而付出的服从道德守则的代价。

这是以自主的、理性主义的和唯意志论的道德观，取代直觉主义的以及天启圣训式的他律道德观。所有反自由主义学派和教条主义联军猖狂攻击的，正是这个道德观的替换。他们都斥责功利主义哲学：对于人性和人的行为的最终动机，功利主义的描述和分析太过简单无情。针对这些批评，本书已经提出了许多理由予以驳斥，这里无须任何补充。有一点应该再加以批驳，因为它不仅是所有言不由衷者的至高教条，而且也给了普通知识分子一个乐于接受的借口——逃避研习经济学必经的辛苦的思想锤炼。

人们说经济学秉承了理性主义的一些先入之见——假设人们只追求物质幸福或以此为首要目标，但实际上，人们偏好非理性的目标甚于理性的目标，他们更想要实现神话和理想，而不是更想要较高水平的生活享受。

经济学有下面两点说明：

第一，经济学并不认为或假设人们只追求物质幸福或以此为首要目标。经济学，作为比较广泛的人的行为理论当中的一个学科，处理的是人的所有行为，也就是说，它处理的是人有意识地追求各自选定的一些目标的过程，无论这些目标是什么。在选定的目标上，使用"理性的"或"非理性的"这样的概念是荒谬的。我们可以把非理性称为终极给定，即我们既不能分析、也不能将其进一步简化为其他终极给定。那么，行为人选定的最终目标便是非理性的。像格劳秀斯那样追求财富，而不像一个佛教僧徒那样追求贫穷，既不是更理性的，也不是更不理性的。

第二，当批评者使用"理性的目的"一词时，他们指的是，对物质幸福和更高生活水平的渴望。这是一个事实，无论其说法是否正确，一般人，特别是与我们同时代的人，更多的是被实现神话和梦想的愿望所驱动，而不是被改善物质福利的愿望所驱动。聪明人都能给出正确的答案，我们不妨忽略这个问题。因为对于神话，经济学既说不上赞同，也说不上反对。对于工会主义、信用扩张主义和所有类似的理论，经济学是完全中立的，只要这些理论以神话的面貌呈现它们自己，并被它们的拥护者当作神话支持。只有当这些神话自称为关于达到确定目标的手段的科学理论时，经济学才会处理它们。经济学没说工会主义是不好的神话，经济学只说，想要为所有渴望赚取工资者提高工资率，工会主义不是一个适当的手段。经济学会让每个人去决定，实现工会的神话是否比避免工会政策的必然后果更为重要。

就这个意义而言，我们不妨说，经济学是无政治的或非政治的，尽管它是各种政治和政治行动的基础。我们不妨进一步说，对于所有价值判断，经济学是完全中立的，因为经济学始终指涉手段，而从不指涉最终目的的选择。

第三节　经济知识和人的行为

人的选择和行为自由，有来自三个不同方面的限制。第一个限制是物理方面的那些法则。人如果想要活下去，就必须调整自己的行为，以适应自然法则的无情束缚。第二个限制是每个人天生的体质特征、性格和环境因素的作用。我们知道，这些因素对于目的和手段的选择都有影响，虽然对于它们如何产生影响，我们的认识十分模糊。第三个限制是关于各种手段和各种目的之间的关系的规律，也就是有别于前述物理法则和生理法则的行为学法则。

前述第三类宇宙法则的说明和先验元素形式的研究，是行为学和迄今发展得最好的行为学部门——经济学的主题。经济知识体系是人类文明的一个基本构成元素，它是现代工业化，以及过去几个世纪，人类在道德、知识、生产技术、医疗技术等方面一切成就所赖以达成的基础。究竟是善用这个知识体系所提供的丰富宝藏，还是将它束之高阁，全凭人类自己决定。但如果他们不能充分利用经济学，并且漠视经济学的教诲和警告，经济学也不会因此失效，被毁灭的将是整个社会和人类自己。